INSTRUCTION

SUR LA

POLICE JUDICIAIRE.

INSTRUCTION

SUR LA

POLICE JUDICIAIRE,

PAR

CH. BERRIAT SAINT-PRIX,

PROCUREUR DU ROI PRÈS LE TRIBUNAL CIVIL DE TOURS
ET LA COUR D'ASSISES D'INDRE ET LOIRE.

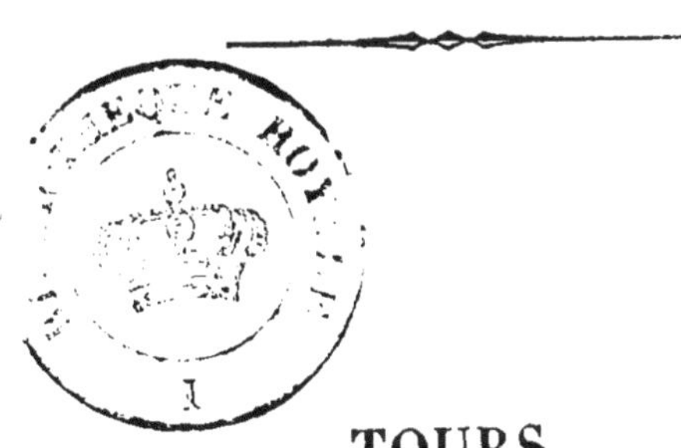

TOURS,

IMPRIMERIE DE MAME.

AOUT 1840.

INSTRUCTION

SUR

LA POLICE JUDICIAIRE.

LE PROCUREUR DU ROI PRÈS LE TRIBUNAL CIVIL

DE TOURS,

A MESSIEURS LES MAIRES ET ADJOINTS DE L'ARRONDISSEMENT,

SES AUXILIAIRES.

MESSIEURS,

1. Parmi les fonctions que vous tenez de la loi, celles *d'officiers de police judiciaire auxiliaires* du procureur du roi, chargés de constater les *crimes*, les *délits* et les *contraventions* qui se commettent sur votre territoire, occupent le premier rang.

C'est de leur consciencieux exercice, que doivent surtout résulter le maintien de la paix publique, la sûreté des personnes et celle des propriétés.

Mais pour remplir ces fonctions, suivant l'exigence des cas, avec la régularité, la promptitude, la fermeté et la mesure nécessaires, il faut se bien pénétrer des dispositions de la loi et des leçons de l'expérience sur les formes à observer et les précautions à prendre selon la nature du fait à constater.

Les principes qui règlent la police judiciaire s'appliquent à des objets d'une variété extrême, que la plus lon-

[1] Cette Instruction a été approuvée par M. le Procureur général d'Orléans, à la date du 4 juin 1840.

gue pratique ne suffit pas toujours pour faire connaître. En vous entretenant aujourd'hui de ce sujet important, j'ai pensé que je viendrais en aide à ceux d'entre vous, que leurs occupations personnelles pouvaient détourner de son étude. Je ne fais, d'ailleurs, que céder au désir que nombre de MM. les maires de cet arrondissement m'ont souvent exprimé, de posséder une Instruction détaillée qui pût les guider dans leurs fonctions d'officiers de police auxiliaires, et suppléer, pour les cas les plus fréquents, les conseils particuliers que la distance me permet si rarement de leur donner à temps.

Tel est le but de cette circulaire; j'ai tâché de n'y rien omettre d'essentiel en ce qui concerne :

1° La définition de la police Judiciaire et de la police Administrative;

2° La Compétence des maires et adjoints; ce § comprend aussi la nomenclature des *crimes*, *délits* et *contraventions* qui se commettent le plus fréquemment;

3° Les Avis à donner au procureur du roi;

4° Le Flagrant délit;

5° Les Visites domiciliaires, perquisitions et saisies;

6° L'Arrestation des prévenus;

7° Le droit de requérir la Force publique;

8° La mise en Fourrière;

9° Les accidents graves : *morts accidentelles*, *suicides*, *incendies accidentels*;

10° La rédaction des Procès-verbaux;

11° La réception des Dénonciations et Plaintes;

12° L'envoi des procès-verbaux, dénonciations, etc.;

13° Les fonctions des maires comme Délégués du procureur du roi ou du juge d'instruction;

14° Les Arrangements et Transactions entre les parties et la suppression illégale des procès-verbaux et plaintes;

15° Les Fous furieux;

16° Les rapports des maires avec les Gardes champêtres et forestiers; la Gendarmerie; les Employés des contributions indirectes; les Vérificateurs des poids et mesures;

17° La Police municipale, ce qui comprend:

Les contraventions de police prévues par la loi ;

Le droit de prendre des arrêtés ou règlements en matière de police, et les contraventions qui résultent de leur inobservation ;

La compétence et les fonctions des maires comme juges de police.

18° La surveillance des Condamnés libérés;

19° La taxe et le paiement des Frais urgents;

20° La correspondance en Franchise;

21° Enfin, les modèles des principaux procès-verbaux, actes, réquisitions, etc., à rédiger.

Avec ce secours, je l'espère, messieurs les maires ne me donneront plus l'occasion de regretter, comme cela est arrivé trop souvent, de ne pas être informé, par leurs rapports ou leurs procès-verbaux, de délits ou de circonstances qu'il m'importait de connaître, mais qui leur avaient échappé, faute d'expérience.

Les Lois, Décrets, Ordonnances, Arrêtés, etc., d'où cette instruction est extraite ont été exactement cités avec des renvois au Bulletin des lois, pour que MM. les maires pussent aisément, au besoin, en consulter les dispositions textuelles.

Une Table alphabétique, placée à la fin du volume, leur facilitera la recherche des observations relatives au fait dont ils auraient instantanément à s'occuper.

§ Ier.

DE LA POLICE JUDICIAIRE ET DE LA POLICE ADMINISTRATIVE, CONSIDÉRÉES EN GÉNÉRAL.

2. *La police judiciaire* recherche les *crimes*, les *délits* et les *contraventions*, en rassemble les preuves, et en livre les auteurs aux tribunaux chargés de les punir. *Code d'instruction criminelle*, article 8.

Elle est exercée, sous l'autorité des Cours royales;

1° Par les gardes champêtres et les gardes forestiers;
2° Par les commissaires de police;
3° *Par les Maires et les Adjoints de maire*;
4° Par les juges de paix;
5° Par les officiers de gendarmerie;
6° Par les commissaires généraux de police;
7° Par les procureurs du roi et leurs substituts;
8° Par les juges d'instruction. *Idem*, art. 9.

Tous ces officiers de police judiciaire sont, dans le même arrondissement, le juge d'instruction excepté, placés sous la surveillance du procureur du roi. *Id.* art. 17.

Tous ceux du ressort d'une Cour royale sont placés sous la surveillance du procureur général près cette cour. *Idem*, art. 279, 280; *Loi du* 20 *avril* 1810, art. 45.

Les maires et adjoints participent, avec les commissaires de police, les juges de paix et les officiers de gendarmerie au titre et aux pouvoirs d'officiers de police *auxiliaires* du procureur du roi (*Code d'inst. crim.* livre 1er, chap. V, art. 48 à 50); ainsi qualifiés parce qu'ils sont chargés *d'aider* ce magistrat dans la recherche des crimes et délits.

2 *bis*. Il résulte de ces dispositions que, en matière de police judiciaire, les maires doivent déférer aux réquisitions et se conformer aux instructions qu'ils reçoivent du procureur du roi près le tribunal civil duquel ressortent leurs communes.

Le procureur général peut, en cas de négligence, les *avertir* d'être plus exacts à l'avenir. En cas de récidive, dans la même année, ils sont cités devant la cour royale, en la chambre du conseil, et il leur est *enjoint* d'être plus exacts à l'avenir. *Id. ibid.* 279 à 282.

Ils doivent aussi, en la même matière, déférer aux réquisitions de M. le préfet; ce magistrat ou le conseiller de préfecture qui le remplace (*Ordonnance du* 29 *mars* 1821), ayant le droit de faire personnellement, ou de requérir les officiers de police judiciaire, chacun en ce qui les concerne, de faire tous actes nécessaires à l'effet de constater les crimes, délits et contraventions, et d'en livrer les auteurs aux tribunaux chargés de les punir. *Code d'inst. crim.* art. 10.

Enfin, ils doivent exécuter les commissions du juge d'instruction de leur arrondissement; ce magistrat, quoiqu'il ne soit pas leur supérieur direct, peut les charger de faire certains actes de sa compétence. Voy. § 13, *des fonctions des maires, comme délégués du procureur du roi; etc.*

3. *La police administrative* a pour objet le maintien habituel de l'ordre public dans chaque lieu et dans chaque partie de l'administration générale.

Elle tend principalement à prévenir les délits. *Code du* 3 *brumaire an* IV, art. 19.

Son exercice est indépendant de celui de la police judiciaire; mais, pour mieux concourir au maintien de l'ordre, toutes les deux se doivent un mutuel appui.

Par ses arrêtés, ses règlements, ses instructions, les travaux d'art qu'elle provoque ou surveille, la police administrative rappelle les citoyens à l'observation des lois; elle veille à leur salubrité, à leur sûreté, etc.; elle prévient ou empêche une foule d'erreurs, d'actions imprudentes ou même d'infractions, que la police judiciaire serait impuissante à réprimer.

De son côté, la police judiciaire, par ses procès-verbaux, ses actes de poursuite et les condamnations qui en sont le résultat, vient en aide à la police administrative, dont les avertissements finiraient par demeurer sans effet, s'ils n'étaient pas sanctionnés par les décisions des tribunaux.

Les maires exercent la *police administrative* sous l'autorité et la surveillance des sous-préfets, des préfets et du ministre de l'intérieur. *Lois du* 28 *pluviose* an VIII, art. 2, 3 et 13; *du* 18 *juillet* 1837, art. 9, 10 et 14.

Les objets auxquels s'étend son action sont peut-être plus nombreux encore que ceux qu'embrasse la police judiciaire. Vouloir simplement les indiquer ici, serait tout à fait dépasser le but de cette lettre, et paraître m'arroger le droit, que je n'ai pas, d'adresser à MM. les maires des instructions officielles sur ce sujet. Ces fonctionnaires trouveront, cependant, plus loin, quelques explications sur divers points de la police administrative dont l'étroit contact avec la police judiciaire rendait l'examen indispensable à l'intelligence des principes qui règlent cette dernière.

Ces explications, qui concernent principalement : *les incendies accidentels*, — *les fous furieux*, — *les arrêtés* ou *règlements* à prendre en matière de *police municipale et rurale*, — la *surveillance* des *condamnés libérés*, etc., ont été rédigées de l'avis de M. le préfet, qui a bien voulu eur donner son approbation.

§ II.

DE LA COMPÉTENCE DES MAIRES ET ADJOINTS.

4. *Personnel.* Dans chaque commune, les fonctions d'officier de police judiciaire sont principalement attribuées au maire. Elles sont aussi exercées par les adjoints, qui, tenant également leurs pouvoirs de la loi (*Code d'inst. crim.*, art. 11), peuvent procéder sans délégation du maire et comme il eût fait lui-même. C'est là ce qui distingue les actes de la police judiciaire d'avec ceux de l'administration municipale proprement dite, pour lesquels, hors le cas d'absence, les adjoints et, au défaut de ceux-ci, les conseillers municipaux ont besoin d'une délégation du maire (*Loi du* 18 *juillet* 1837, art. 14), pour pouvoir agir légalement.

Il est, toutefois, à propos que l'adjoint, saisi, le premier, d'une plainte, en donne avis d'abord au maire, si celui-ci est présent dans la commune, et même s'il est absent, lorsqu'il s'agit d'un délit grave, à moins que ce fonctionnaire ne se trouve à une distance trop considérable pour pouvoir se rendre en peu d'heures sur les lieux.

En l'attendant, l'adjoint peut toujours recueillir des renseignements sur le fait; ordonner l'arrestation du prévenu, si elle est nécessaire; veiller à ce que rien ne soit dérangé dans le lieu où le crime a été commis; prendre, enfin, suivant les cas, les précautions indiquées plus bas, au § 3, *des Avis à donner au procureur du roi*, n°s 21 à 24.

En cas d'absence ou d'empêchement du maire et des adjoints, ils sont, de droit, remplacés, avec les mêmes pouvoirs, par le conseiller municipal, le premier dans l'ordre du tableau. *Loi du* 21 *mars* 1831, article 5.

5. *Territoire.* La compétence des maires en matière de police judiciaire est bornée, quant au territoire, par les limites de leur commune, et c'est des crimes, délits et contraventions commis dans l'intérieur de ces limites qu'ils ont à s'occuper.

Il peut arriver, cependant, qu'ils soient également compétents pour constater des crimes et délits qui auraient été commis hors de ce territoire. Ainsi, qu'un individu domicilié ou non dans une commune, mais qui a commis un délit hors de ses limites, vienne ensuite s'y réfugier, et qu'il y soit signalé, d'une manière grave, comme l'auteur de ce crime ou de ce délit (par exemple, s'il est possesseur d'effets, armes, instruments ou papiers qui fassent présumer qu'il est auteur ou complice du délit; *Code d'instruction crimin.*, art. 41. Voy. § 4, *du flagrant délit*, n° 29); le maire sera compétent; il pourra interroger le prévenu; faire perquisition dans son domicile et sur sa personne; ordonner son arrestation, etc., tout comme si le crime ou le délit eût été commis dans la commune, pourvu qu'il soit encore réputé flagrant (Voyez le même §).

Quant aux contraventions de simple police, la compétence des maires est tout à fait restreinte à celles de ces infractions qui se commettent dans leur commune. *Même Code*, art. 11 et 166. Rien ne s'oppose, toutefois, à ce qu'ils recueillent et transmettent à leurs collègues compétents des renseignements sur les contraventions et même les délits commis sur le territoire de ces derniers, et qui seraient venus à leur connaissance personnelle.

5 *bis.* Cette observation s'applique à tous les faits punissables, quelle que soit la peine que la loi y attache, et dans l'intérêt de la vindicte publique, MM. les maires ne sauraient trop se pénétrer de ce principe, que, s'ils ne sont pas toujours compétents pour constater, par procès-verbaux, un délit quelconque, ils le sont toujours pour transmettre, soit officiellement, soit confidentiellement, au procureur du roi, des renseignements sur les faits.

6. *Concurrence des officiers de police judiciaire.* Il peut arriver que plusieurs officiers de police judiciaire soient saisis, à la fois, de la connaissance du même délit. Or, il importe à l'unité de la constatation des faits, qu'un seul de ces fonctionnaires suive les opérations et rédige les procès-verbaux.

Si des gardes champêtres ou forestiers ou particuliers ont été les premiers saisis, et qu'il survienne un adjoint ou un maire, il n'y a pas de difficulté; ces derniers étant (v. ci-dessus, n° 2) officiers *auxiliaires*, ont la prévention sur les gardes, même les gardes généraux, qui ne sont que simples officiers de police judiciaire (*Code d'instruct. crim.*, art. 11). A plus forte raison, les gardes, les maires, les juges de paix, etc., premiers saisis, cèderont-ils la direction de l'affaire au procureur du roi, si ce magistrat survient (voy. § 13, *des fonctions des maires comme délégués du procureur du roi, etc.*, n° 109). L'adjoint cèdera aussi cette direction à son maire, qui est le chef de l'administration de la commune. Voy. n°s 4 et 140.

Mais un maire et un juge de paix, tous les deux placés sur la même ligne, en matière de police judiciaire, dans les limites de leurs ressorts respectifs, peuvent se trouver en concurrence. Je pense que, dans ce cas, malgré l'égalité des droits que la loi leur accorde, le juge de paix doit l'emporter (Voy. § 3, *des avis à donner au procureur du roi*, n° 18) sur le maire, comme plus versé dans l'étude des lois, plus familier avec la pratique des affaires, plus élevé en dignité. Il y a, d'ailleurs, en sa faveur, une autre raison qui me paraît décisive: c'est que ses pouvoirs s'étendent sur tout un canton. Il peut ainsi continuer l'information dans une autre commune que celle où elle a commencé. Cette faculté, interdite aux maires est un avantage immense dans beaucoup d'affaires, et devrait, seule, en cas de doute, faire attribuer la prévention au juge de paix.

7. *Temps légal en matière de police judiciaire.* Il n'y a point de jours fériés en cette matière. Les opérations, procès-verbaux, etc. des maires sont aussi légalement faits un jour de fête ou un dimanche, que tout autre jour. *Loi du 17 thermidor an* VI, art. 2.

8. *Secret de l'information.* Si les débats et le jugement d'une affaire criminelle, correctionnelle ou de police doivent avoir lieu publiquement (*Charte constitutionnelle*, art. 55), il n'en est pas de même de l'information qui les précède, dont les actes sont secrets de leur nature. Arg. du *Code d'inst. crim.*, art. 302. Et ce n'est pas sans raison que le législateur a imprimé ce caractère à l'instruction préliminaire. La publicité de telle perquisition, de telle déclaration de témoins, etc. pourrait faire disparaître, et peut-être pour toujours, les preuves non encore acquises à la justice, surtout si le prévenu était inconnu ou n'était pas arrêté.

MM. les maires doivent donc, en général, procéder secrètement, en matière de police judiciaire, et n'admettre, autant que possible, à leurs opérations, que les personnes dont la présence est nécessaire à leur validité. Voy. § 4, du *flagrant délit*, nº 32.

De ce devoir résulte, pour eux, le droit d'écarter, et même d'expulser du lieu où ils procèdent, les curieux et les importuns, dont la présence ne vient que trop souvent troubler ces sortes d'opérations. Ceci me conduit à une autre observation.

9. *Troubles, tumultes, injures, etc.* Si, durant le cours de son information, le maire est interrompu ou troublé par les assistants, il ordonne sur-le-champ leur expulsion; si les auteurs du trouble résistent à cet ordre, causent du tumulte, profèrent des injures, etc., ils doivent être immédiatement arrêtés, pour être mis à la disposition du procureur du roi. *Code de Procédure civile*, article 91.

10. *Costume.* Il n'est pas indispensable, pour la validité des procès-verbaux et opérations des maires et adjoints, que ces magistrats soient ceints de leur écharpe lorsqu'ils procèdent; ils ne sont obligés de revêtir cette marque distinctive que lorsqu'ils redoutent ou éprouvent quelque résistance dans l'exercice de leurs fonctions; par exemple si l'entrée d'une maison à visiter leur était refusée, si, dans un tumulte ou une rixe, les délinquants n'obéissaient pas à leur injonction de se retirer, etc. Cependant, il vaut mieux, en général, surtout en présence de personnes étrangères à la commune, qu'un maire, lorsqu'il doit faire acte de sa fonction, soit revêtu de son costume; c'est un moyen assuré d'imprimer le respect et de faire reconnaître sa qualité, et toute rébellion ou outrage, dans ce cas, devient inexcusable; les insignes n'attribuent pas le pouvoir, mais le signalent; c'est là, principalement, le but de leur création. (Voy. le n° 56, pour les *Attroupements*.)

11. *Faits à constater.* Comme je l'ai dit, n° 2 (*Code d'inst. crim.* art. 8 et 9), les maires et adjoints sont chargés de rechercher et constater les *crimes*, *délits* et *contraventions*, à raison desquels ils sont compétents.

Or, la loi qualifie *Crimes*, les méfaits qui sont punis des peines suivantes : 1° la *mort*; — 2° les *travaux forcés à perpétuité*; — 3° la *déportation*; — 4° les *travaux forcés à temps*; — 5° la *détention* (qui n'est pas la même chose que l'emprisonnement correctionnel); — 6° la *réclusion*; ces peines sont qualifiées afflictives et infamantes; *Code pénal*, articles 1er, 6, et 7. — 7° Le *bannissement*; — 8° la *dégradation civique*; peines qualifiées seulement *infamantes*. *Idem*, articles 6 et 8.

Elle qualifie *Délits*, les actions mauvaises qui sont punies de l'emprisonnement correctionnel de plus de cinq jours ou d'une amende de plus de 15 francs. *Idem*, articles 1, 9 et 40.

Enfin, elle qualifie *Contraventions*, les infractions réprimées par un emprisonnement qui n'excède pas cinq jours, ou par une amende qui n'excède pas 15 fr. *Id.* articles 1er, 464, 465 et 466.

Le plus grand nombre des faits qualifiés *crimes*, *délits* ou *contraventions*, est prévu par le code pénal ; il en est, toutefois, beaucoup d'autres, définis par des lois ou règlements spéciaux ; je me contenterai ici d'indiquer ceux des uns et des autres qui doivent plus particulièrement fixer l'attention de MM. les maires, comme se présentant le plus fréquemment.

12. *Crimes et délits prévus par* LE CODE PÉNAL.

Crimes et délits contre la paix publique.

1. La fausse monnaie d'or, d'argent, de billon ou de cuivre, et l'émission d'une ou de plusieurs pièces fausses. *Code pénal*, art. 132 à 134. V. les Observations du n° 54.
2. Les faux en écriture authentique, de commerce ou privée, et l'usage des pièces fausses. *Id.* art. 145 à 151. v. *ibid.*
3. Les faux dans les passeports et feuilles de route, certificats d'indigence, etc. *Id.* art. 153 à 161.
4. Les rébellions envers les agents de la force publique, les officiers ministériels, les préposés aux contributions de toute nature, etc. *Id.* 209 à 212.
5. Les outrages par paroles, gestes ou menaces envers les magistrats de l'ordre judiciaire ou administratif, les officiers ministériels, et les agents de la force publique. *Id.* art. 222 à 227.
6. Les voies de fait envers ces magistrats, officiers ou

agents, dans l'exercice ou à l'occasion de l'exercice de leurs fonctions. *Id.* art. 228 et 230.

7. Les bris de scellés. *Id.* 252.

8. Les troubles au libre exercice des cultes; les outrages envers les objets d'un culte ou envers ses ministres. *Id.* art. 260 à 264.

9. Le vagabondage. *Id.* art. 269 à 273; *Observations*, n° 50.

10. La mendicité. *Id.* art. 274 à 279. *Id.* n° 49.

13. 2° *Crimes et délits contre les personnes.*

1. Le meurtre ou l'homicide volontaire. *Id.* art. 295, 304; *Observations*, n° 19.

2. L'assassinat ou le meurtre commis avec préméditation ou de guet-à-pens. *Id.* art. 296, 302. *Id. Ibid.*

3. Le parricide ou meurtre des ascendants. *Id.* art. 299, 302; *Id. Ibid.*

4. L'infanticide ou meurtre d'un enfant nouveau-né. *Id.* art. 300, 302; *Observat.* n° 20.

5. L'empoisonnement. *Id.* art. 301, 302; *Id.* n° 19.

6. Les menaces écrites d'assassinat, d'empoisonnement, d'incendie, etc. *Id.* art. 305, 306 et 436;

7. Les menaces verbales des mêmes crimes, avec ordre ou sous condition. *Id.* art. 307;

8. Les coups et blessures volontaires. *Id.* art. 309 à 311; *Observations*, n°s 33 et 52.

9. Les violences et blessures envers des ascendants. *Id.* art. 312;

10. L'homicide ou les blessures ou coups involontaires, par maladresse, imprudence, inattention ou inobservation des règlements. *Id.* 319, 320;

11. L'avortement. *Id.* art. 317;

12. Le viol. *Id.* art. 332; *Observ.* n° 23.

13. Les attentats à la pudeur avec violence. *Ibid.*; *Observ. Ibid.*

14. Les attentats à la pudeur sans violence, mais sur un enfant de moins de onze ans. *Id.* art. 331; *Id. Ibid.*

15. L'outrage public à la pudeur. *Id.* art. 330;

16. L'adultère. *Id.* art. 336 à 339; *Observ.*, n° 53.

17. Le défaut de déclaration d'un accouchement par les assistants. *Id.* art. 346.

18. Les expositions et délaissements d'enfants. *Id.* art. 348 à 353.

14. 3° *Crimes et délits contre les propriétés.*

1. Les vols qualifiés, c'est-à-dire commis avec circonstances aggravantes. Les principales de ces circonstances sont (voy. observat. n° 42):

La nuit en réunion de deux personnes. *Id.* art. 381.

La nuit, par une seule personne, mais dans une maison habitée ou ses dépendances. *Id.* art. 386, 390 à 392.

Le port d'armes apparentes ou cachées. *Id.* 381, 386.

L'effraction extérieure ou intérieure. *Id.* 381, n° 4; 384, 393 à 396.

L'escalade. *Id.* art. 384 et 397.

L'entrée par une ouverture souterraine, autre que celle qui a été établie pour servir d'entrée. *Id.* 397.

Les fausses clefs. *Id.* 398.

La violence, les blessures ou contusions. *Id.* 382, 385.

Les chemins publics. *Id.* 383.

La qualité de domestique, d'homme de service à gages, d'ouvrier ou d'apprenti, de la personne volée. *Id.* 386.

La qualité d'aubergiste, de voiturier ou d'hôtelier, si ces individus ont soustrait des choses qui leur avaient été confiées à ce titre. *Id.* n° 4.

Le déplacement de bornes. *Id.* 389.

Le bris de scellés. *Id.* art. 253, 384.

Les dépôts publics où se trouvaient les choses volées. *Id.* 254, 255.

2. Les vols d'instruments ou bestiaux d'agriculture, ou de récoltes. *Id.* art. 386 et 388;

3. Les vols simples, larcins et filouteries. *Id.* 401;

4. L'extorsion d'un acte ou d'un titre. *Id.* 400;

5. Le détournement d'objets saisis. *Id. id.*

6. La banqueroute frauduleuse. *Id.* 402 et *Code de commerce*, art. 591;

7. La banqueroute simple. *Code pénal*, 402 et *Code de commerce*, art. 585 et 586;

8. L'escroquerie. *Code pénal*, 405;

9. L'abus de confiance. *Id.* 408;

10. La vente à faux poids ou fausses mesures. *Id.* 423;

11. Les incendies volontaires. *Id.* 434;

12. Les incendies par imprudence. *Id.* art. 458;

13. La destruction d'actes de l'autorité publique, d'actes ou titres privés. *Id.* art. 439;

14. Les pillages en réunion et à force ouverte. *Id.* 440;

15. Les dévastations de récoltes. *Id.* art. 444;

16. L'abatage ou la destruction des arbres ou greffes appartenant à autrui. *Id.* 445 à 448. V. Observ. n° 43.

17. La coupe de grains ou fourrages d'autrui. *Code Pénal*, 449, 450.

18. La destruction d'instruments d'agriculture. *Id.* 451;

19. La destruction de chevaux, bêtes de monture ou de charge; bestiaux; poissons dans les étangs; animaux domestiques. *Id.* 452 à 455;

20. La destruction de fossés, de clôtures. *Id.* 456;

21. L'inondation causée par le propriétaire d'un moulin, d'une usine, d'un étang, en contravention aux Règlements. *Id.* 457. Observat. n° 48 *bis*.

22. Le défaut de précaution en cas d'épizootie ou maladies contagieuses parmi les troupeaux. *Id.* 459 à 461.

Pour les principales Contraventions de police, voyez plus bas § 17 *de la police Municipale*, n°s 138, 145 et 146.

II. Délits prévus par des LOIS SPÉCIALES.

15. 1° Les délits Forestiers. *Code Forestier*, articles 56, 72, 78, 144, 146 à 148; 151 à 155; 192 à 201, etc. Voy. les Observations du n° 44.

2° Les délits de Pêche fluviale. *Loi du* 15 *avril* 1829, art. 5, 24, 25, 27 à 34, 41, 69 et 70; *Loi du* 6 *juin* 1840; *Ordonnances du* 15 *novembre* 1830, du 3 *novembre* 1831 et du 26 *août* 1836.

Voyez pour les *Filets* ou *Engins* et le *Temps prohibés* en matière de pêche, le § 4 *du Flagrant délit*, n°. 45.

3° Les délits et contraventions *Ruraux* prévus par le *Code Rural* ou la Loi du 28 septembre — 6 octobre 1791 titre II, art. 10, 12, 13, 15, 18, 22, 25, 26, 28, 30, 33, 36 et 41. — Les autres articles de ce titre ont été implicitement abrogés par le code Pénal et le code Forestier, où l'on a inséré leurs dispositions.

4° Les délits de Chasse en temps ou terrain prohibés ou sans permis de port d'armes. *Loi du* 30 *avril* 1790; *Décret du* 4 *mai* 1812.

Voyez également pour le *temps* et le *terrain* prohibés et le défaut *de permis*, le § 4, n°s 46, 46 bis et 46 ter.

Il est bien entendu, pour les quatre espèces de délits qui précèdent que, malgré la compétence incontestable des maires et adjoints, qui ont même prévention (*Code d'Inst. Crim.* art. 11) à cet égard, sur les gardes champêtres et forestiers, ces derniers sont plus spécialement chargés de la recherche de ces infractions pour la constatation desquelles la loi les a surtout institués.

5° La fraude et la contrebande sur les *Cartes à jouer*. *Loi du* 28 *avril* 1816, art. 169 et 223.

6° La fraude sur *les Tabacs. Id.* art. 223 et 224.

7° Les transports de *Lettres*, journaux, feuilles, etc., par toute personne non autorisée de l'administration des Postes. *Arrêté du* 27 *prairial* an IX.

8° L'exercice, sans diplôme, de la Médecine, de la Chirurgie, de la Pharmacie et de l'art des Accouchements. *Lois du* 19 *ventôse* an XI, art. 35 et 36; du 21 *germinal* an XI, art. 36 et du 29 *pluviôse* an XIII.

Ces sortes de délits, peu graves en eux-mêmes, mais dont les suites, souvent fâcheuses, sont quelquefois déplorables, à cause des infirmités qui résultent du traitement des *rebouteurs*, *guérisseurs* et des *fausses* sages-femmes, se commettent fréquemment dans les campagnes. Je les recommande, particulièrement, à l'attention et à la surveillance de MM. les maires. — Voir, sur ce point, la lettre de M. le Préfet, du 4 janvier 1837, *Recueil*, page 5.

9. Les Diffamations et Injures publiques, par des discours, des imprimés, des placards etc., dans des lieux ou réunions publics. *Lois du* 17 *mai* 1819, art. 1er, 13, 16, 18 et 19 ; *du* 25 *mars* 1822, art. 6.

10. Les Loteries de toute espèce. *Loi du* 21 *mai* 1836.

11. L'Usure habituelle. *Loi du* 3 *septembre* 1807.

12. Les infractions à la loi sur le *Recrutement* ; ce qui comprend : le Récel ou l'évasion favorisée des Insoumis ; *Loi du* 21 *mars* 1832, art. 40; — Les mutilations volontaires pour échapper au service; *Id.* art. 41; — Les substitutions ou remplacements frauduleux. *Id.* art. 43 ; etc.

13. L'ouverture non autorisée d'une École primaire. *Loi du* 28 *Juin* 1833, art. 6.

14. Les contraventions en matière de *Grande voirie*; telles qu'anticipations, dépôts de fumier ou d'autres objets et toutes détériorations commises sur les grandes routes, sur leurs arbres, fossés, ou ouvrages d'art. *Loi du* 29 *floréal* an X.

15. L'exercice illégal de la profession de *Crieur*, *Ven-*

deur ou *distributeur*, sur la voie publique, d'écrits, de dessins, d'emblèmes... imprimés, lithographiés, moulés, etc. de celle de *Chanteur* sur la voie publique. *Loi du* 16 *février* 1834.

16. L'exercice illégal de la profession *d'Afficheur public*. *Loi du* 10 *décembre* 1830, art. 1, 2, 5 et 7.

D'après les deux lois qui précèdent, c'est à l'autorité municipale qu'il appartient d'autoriser, dans chaque commune, l'exercice de la profession de crieur ou distributeur d'imprimés, etc. de chanteur ou d'afficheur public. Une circulaire de M. le Préfet, du 25 février 1834, insérée dans le Recueil, page 101, renferme les instructions nécessaires pour l'application de ces deux lois.

17. Les *Attroupements* ou Émeutes. *Loi du* 10 *avril* 1831. Voy. Observations, n° 56.

Pour les principales contraventions de police, voyez plus bas, § 17, *de la police municipale*, n°s 138, 145 et 146.

18. Les infractions aux Lois, Décrets, Ordonnances sur *la police du* ROULAGE.

Ces délits et contraventions résultent d'un assez grand nombre de lois et décrets différents dont M. le Préfet a fréquemment rappelé les dispositions dans le Recueil de ses actes administratifs, et notamment par ses circulaires du 30 août 1831, pages 319 et suivantes; 21 mars 1836, p. 52; 10 octobre 1836, p. 250; 4 Juin 1838, p. 134; 26 juillet 1838, p. 179; 14 décembre 1839, p. 309.

Voici les principales de ces infractions :

1°. *Attelage de plus d'un cheval*, défendu à toute voiture dont les jantes ont moins de onze centimètres. *Loi du 7 ventôse* an XII, art. 2; circulaire du 21 mars 1836, p. 56.

Il n'y a d'exception à cette règle, que pour les voitures employées à la culture des terres et à la levée des récoltes; mais lorsque ces voitures se rendent au marché, elles sont assujetties, comme toutes les autres, à la prohibition.

2. *Longueur des essieux.*—D'après le décret du 23 Juin 1806, art. 28, la longueur des essieux de toute voiture, même de culture et de labourage, ne doit pas excéder 2 mètres 57 centimètres.

3. *Longueur des moyeux.* —En y comprenant la saillie de l'essieu, ils ne doivent pas excéder de 12 centimètres ou plus, la face extérieure des jantes. *Ordonnance du* 29 *octobre* 1828, art. 1 et 2.

4. *Surcharge des voitures.*—Le décret du 23 Juin 1806, art. 3 à 15, détermine le maximum du poids des charrettes et voitures suivant la largeur de leurs jantes. La vérification du poids de ces voitures se fait au moyen des ponts à bascule. *Id.* art. 19.

Toutes les voitures, même celles qui sont chargées de bois, de fumier et autres objets quelconques sont soumises à cette vérification. *Instruct.* de M. le Préfet insérée au Recueil de 1834, p. 134.

En cas de refus d'un voiturier ou conducteur de diligences de conduire sa voiture au pont à bascule pour la faire vérifier, procès-verbal doit être dressé, tout comme s'il y avait surcharge ; le maximum de l'amende étant encouru, dans ce cas, par le conducteur ou voiturier récalcitrant. *Ordonnance du* 11 *mai* 1838; *circul. de M. le Préfet* du 26 juillet, Recueil, p. 179 et suiv.

5. *Clous des jantes.* — Les clous à tête de *diamant* sont défendus, ainsi que ceux qui feraient une saillie de plus d'un centimètre. *Décret du* 23 *Juin* 1806, art. 18.

6. *Plaques des voitures.* — Tout propriétaire de voitures de roulage est tenu de faire peindre, sur une plaque de métal, en caractères apparens, son nom et son domicile : cette plaque est clouée en avant de la roue et au côté gauche de la voiture. *Id.* art. 34; Arrêté de M. le Préfet du 10 octobre 1836, Recueil, page 250. Cet arrêté étend l'obligation de la plaque à toutes les charrettes, quelles qu'elles soient. Voy. § 17, *de la police municipale*, art. II, nº 146, 8º.

Ainsi cette plaque ne doit pas être clouée au collier du cheval, où quelques voituriers ont cru, à tort, qu'ils étaient autorisés à la placer. *Circul. de M. le Préfet* du 21 mars 1836, Recueil, page 53.

Les six contraventions qui précèdent, étant de la compétence du conseil de Préfecture, les procès-verbaux qui les constatent doivent être adressés à M. le Préfet.

7. *Négligence des voituriers* à se tenir à portée de leurs chevaux, etc. Voy. § 17 *de la police municipale*, art. 1er, n° 138, 5°.

8. *Diligences;* excès de vîtesse; excédent de voyageurs, etc. Voy. même §, n° 138, 17°.

§ III.

Avis a donner au Procureur du Roi.

17. La loi prescrit à tout fonctionnaire ou Officier public, qui acquiert, dans l'exercice de ses fonctions, la connaissance d'un crime ou d'un délit, d'en donner avis sur-le-champ, au procureur du roi de l'arrondissement, et de lui transmettre tous les renseignements, procès-verbaux et actes qui y sont relatifs. *Code d'inst. crim.* art. 29. Cette obligation est tellement impérieuse, que la loi l'a étendue aux simples particuliers, pour les attentats dont ils auraient été témoins, soit contre la sûreté publique, soit contre la vie et la propriété d'un individu. *Id.* art. 30.

Pour les simples délits et les crimes qui n'ont pas beaucoup de gravité, le procureur du roi est suffisamment averti par l'envoi des procès-verbaux et des prévenus lorsqu'ils ont été arrêtés; seulement il est nécessaire que cette envoi ait lieu le lendemain, s'il est possible, de la rédaction du procès-verbal, et, dans tous les cas, le troisième jour, au plus tard. — J'en expliquerai la raison, en parlant de *l'envoi des procès-verbaux, dénonciations et plaintes*, § 12, n° 106. Quant aux *contraventions* de simple police etc., dont la poursuite concerne les maires et commissaires de police des communes chefs-lieux de canton et aux délits de *Grande voirie*, voy. le même §, n°s 101 et 103.

Enfin, lorsque le délit dénoncé est de peu d'importance, et que le maire n'a pas le loisir d'en dresser procès-verbal, tout comme lorsqu'il s'élève, dans son esprit, des doutes sur la nature de ce délit, il lui suffit d'en donner avis au procureur du roi par une simple lettre.

18. *Avis par exprès.* Mais lorsqu'il s'agit de faits très-graves, surtout de crimes capitaux ou entraînant des peines perpétuelles, je ne saurais être trop diligemment averti ; ces infractions exigent ma présence ou au moins celle du juge de paix du canton. Ainsi, toutes les fois qu'il aura été commis :

1°. Un Assassinat, ou seulement un Meurtre; *Code pénal* articles 296, 297, 298, 302, 304.

2°. Un Infanticide; *Id.* 300, 302.

3°. Un Empoisonnement; *Id.* 301, 302.

4°. Un Viol, par deux personnes et même par une seule; *Id.* 332, 333.

5°. Un Incendie d'une maison habitée ou d'une de ses dépendances; *Id.* art. 434;

6°. Un Vol, à main armée, par plusieurs; *Id.* 381;

8°. Une Rébellion, à main armée, par trois personnes ou plus; *Id.* art. 209, 210, 211.

8°. Un Pillage, en réunion ou bande; *Id.* art. 440;

9°. Un Attroupement illégal ou Emeute; *Loi du* 10 *avril* 1831;

Je dois être averti, sur-le-champ, par Exprès et à quelque heure du jour ou de la nuit que ce soit; si la commune est plus voisine de la résidence de M. le juge de paix que de la mienne, le maire informe de ce qui vient de se passer, ce magistrat, qui est chargé, lui-même, de me transmettre l'avis, par Ordonnance de gendarmerie. *Ordonnance du* 29 *octobre* 1820, art. 58. Dans le cas contraire, le maire me prévient directement, et, dans tous les cas, j'ai soin de faire accorder aux exprès un juste salaire.

19. *Premières précautions en cas de crimes graves.* En attendant mon arrivée ou celle de M. le juge de paix, il faut veiller attentivement à ce que rien ne soit dérangé, ni détourné, sur le théâtre du crime. Les précautions à prendre, à cet égard, varient suivant la nature du fait qui a été commis.

S'il s'agit d'un *Assassinat* ou d'un *Meurtre*, et que la mort de la victime soit certaine, il faut empêcher que personne ne touche au cadavre, ni à ses vêtements, et ne s'approche même trop du lieu où il se trouve, afin de ne pas effacer les traces qui auraient pu être laissées sur le terrain par le meurtrier. A plus forte raison si le crime a été commis dans l'intérieur d'une habitation, les meubles et jusqu'aux moindres objets doivent être laissés dans la position qu'ils occupaient à l'instant de la découverte du crime.

Si M. le juge de paix ou moi ne sommes pas arrivés avant la nuit, la garde du cadavre est confiée au garde champêtre et à une ou deux autres personnes sûres.

Lorsqu'une maison a été le théâtre du crime, elle est fermée exactement, et un gardien veille à ce que personne ne s'y introduise.

Si le crime a été commis avec une arme *à feu*, il faut rechercher, avec un soin minutieux, jusqu'aux moindres débris de la bourre du fusil ou pistolet qui pourraient être restés sur les lieux. Ces débris sont conservés scrupuleusement pour être examinés plus tard, au besoin.

En même temps, s'il s'élève des indices graves contre une personne, d'avoir commis le délit, il faut, sans aucun retard, se transporter dans son domicile pour y rechercher et saisir ses armes à feu, afin de pouvoir reconnaître si elles ont été récemment tirées ; quelques heures plus tard cette vérification deviendrait extrêmement douteuse dans ses résultats.

20. En cas d'*Empoisonnement*, les aliments présumés empoisonnés ; les vases ayant servi à la victime ; les enveloppes qui ont pu contenir du poison ; tous les objets suspects enfin, sont soigneusement mis à part, par le maire, en présence des personnes qui l'ont accompagné sur les lieux, et placés à la mairie, dans un meuble dont ce magistrat doit conserver la clef lui-même.

21. En cas d'*Infanticide*, si le cadavre de l'enfant est trouvé, il faut prendre encore de plus grandes précautions que pour le cadavre d'un adulte. En effet, la moindre pression, le moindre choc, peut laisser des traces sur un corps si frêle, et, plus tard, l'on pourrait confondre ces traces avec celles qui auraient été causées par des violences criminelles exercées sur l'enfant. Si donc, le corps a été trouvé dans un lieu où il ne puisse être conservé commodément, il faut bien remarquer et constater la position dans laquelle il se trouvait d'abord, la disposition du lieu où il a été découvert, et puis transporter le cadavre, avec les plus grandes précautions, dans un lieu sûr.

Si la femme soupçonnée du crime, nie être accouchée, il faut veiller à ce qu'elle ne fasse pas disparaître les linges, hardes, effets, qui porteraient des marques d'une perte ou d'un accouchement récent.

22. Si un *Incendie* a été commis, le premier soin du maire, bien entendu, doit être de veiller à ce qu'on éteigne le feu, toute autre considération devant céder le pas au salut de ses administrés (pour les réquisitions à adresser aux ouvriers et à toutes personnes, voy. § 4, *du flagrant délit*, n° 41). Toutefois, il n'est pas impossible, tout en surveillant et encourageant les travailleurs, de prendre quelques précautions, qui puissent, plus tard, mettre la justice sur la trace de l'auteur de l'incendie. Si l'on peut reconnaître, avec quelque certitude, l'endroit où le feu a été mis; si l'on peut trouver quelques matières combustibles ayant servi à le communiquer, il faut prendre note de ces circonstances, mettre à part les objets qui les établissent, écrire les noms des témoins qui pourraient en déposer.

23. S'il s'agit d'un *Viol* ou d'un *Attentat à la pudeur*, *avec violences*, il faut, avant tout, constater l'état des vêtements de la victime, s'ils se trouvent en désordre, et faire constater par un médecin, le plus tôt possible, les traces de violences dont son corps peut porter les marques ; ce sont, surtout, les parties secrètes que l'homme de l'art doit, très-diligemment, examiner. En effet, à moins que la victime ne soit encore un enfant; à moins que le viol n'ait été tout à fait consommé et accompagné de grandes violences, un jour ou deux et moins de temps encore suffit, quelquefois, pour faire disparaître des traces, sans lesquelles le crime ne peut être que bien difficilement établi. Si les vêtements de la victime sont déchirés, s'ils portent des taches récentes, ils doivent être conservés dans l'état où ils se trouvent, pour servir, s'il y a lieu, de pièces à conviction.

24. Tout en prenant ces précautions diverses et en attendant mon arrivée ou celle de M. le juge de paix du canton, le maire ne laisse pas de recueillir, le plus activement possible, des renseignements sur le crime et sur ses auteurs.

S'il s'élève des indices contre des individus présents dans la commune, il fait surveiller leurs démarches ; si ces indices prennent de la consistance, il les fait arrêter (voyez § 6, de l'*arrestation*), ou bien, il les fait garder à vue provisoirement (voy. § 4, du *flagrant délit*, n° 38).

25. *Avis d'Office.* Pour tous les crimes et pour l'immense majorité des délits, les avis dont j'ai parlé, donnés au procureur du roi, soit par exprès, soit par un procès-verbal ou une simple lettre, peuvent et doivent toujours avoir lieu *d'office*, c'est-à-dire que la plainte de la partie lésée n'est nullement nécessaire, pour que l'officier de police judiciaire compétent verbalise et m'informe d'un crime ou d'un délit dont il acquiert la connaissance.

MM. les maires ne devront donc pas s'arrêter à l'opinion, assez généralement répandue, que, pour les faits qui ne sont pas d'une excessive gravité, une plainte est nécessaire pour les mettre en demeure de constater et de me faire connaître soit un crime, soit un délit dont ils viennent à être informés d'une manière quelconque.

En effet, la loi (*code d'Inst. Crim.* art. 22) charge les procureurs du roi de la *recherche* et de la *poursuite* de tous les délits dont la connaissance appartient aux Tribunaux de police correctionnelle ou aux Cours d'assises ; elle qualifie (*Id.* livre 1er, chap. 5), entr'autres, les Maires et Adjoints d'officiers de police *auxiliaires* du procureur du roi ; elle les charge (*Id.* art. 48, 49 et 50), en cas de flagrant délit, de la plupart des actes attribués à ce magistrat (*Id.* art. 49). — Il est donc bien évident que, pour tous les délits que le procureur du Roi aura la faculté de poursuivre d'office, les maires et adjoints, institués pour l'assister dans la recherche de ces délits, auront le pouvoir de les constater d'office.

26. Or, pour les faits qualifiés *crimes*, *délits*, *contraventions* (voyez ci-dessus n° 11), la poursuite d'office est la règle générale ; la nécessité de la plainte n'est que l'exception, et il y a un si petit nombre de faits pour la poursuite desquels une plainte préalable est indispensable, qu'il est facile de les énumérer ici. MM. les maires y verront, d'ailleurs, quels sont les cas dans lesquels ils peuvent s'abstenir de constater un délit ou de me le faire connaître. — Ces délits sont :

1° *L'Adultère; Code pénal*, art. 336 à 339; il ne peut être poursuivi, ni même constaté sans la plainte du mari contre sa femme ou de la femme contre son mari.

2° *Les Diffamations ou les Injures publiques* ou *non publiques* contre toutes personnes. *Loi du* 17 *mai* 1819, art.

13 à 19 ; *Code pénal*, art. 471, n° 11. — Il faut, pour poursuivre ces délits, être saisi de la plainte des personnes diffamées, etc. *Loi du* 26 *mai* 1819, art. 5.

Toutefois, si ces diffamations ou injures, outrages par paroles, etc., avaient eu lieu envers un fonctionnaire public, un ministre du culte, dans l'exercice de leurs fonctions, la plainte ne serait pas indispensable pour verbaliser.

3° La *Chasse* en temps licite et avec un permis de port d'armes, sur le terrain d'autrui, entièrement dépouillé de sa récolte. — *Loi du* 30 *avril* 1790, art. 1er et 8. — Il faut aussi la plainte du propriétaire pour verbaliser. Lorsque le fait de chasse sur le terrain d'autrui a eu lieu, soit en temps prohibé, soit dans des récoltes, soit sans permis de port d'armes, la plainte du propriétaire n'est plus nécessaire pour dresser procès-verbal. Voyez § 4, *du flagrant délit*, n° 46.

4° *La Pêche* avec des filets ou engins *permis* en temps *non prohibé*, dans des cours d'eau ou canaux appartenant ou affermés à autrui. *Loi du* 15 *avril* 1829, art. 5, 26, 27 et 29 ; même observation. — Voy. même § 4, n° 45. — Si le fait de pêche a eu lieu dans un étang, vivier ou réservoir, la plainte du propriétaire n'est plus nécessaire ; ce délit étant qualifié *vol. Code pénal*, art. 388.

Pour ces différents délits, je le répète, et sauf les exceptions que je viens d'indiquer, si les parties lésées ne se plaignent pas, MM. les maires n'ont point à s'occuper du fait : une plainte formelle peut seule les mettre en demeure d'agir.

27. *Retrait de la plainte.* Mais il peut arriver, et il arrive assez fréquemment, que les personnes lésées par un crime ou un délit, viennent retirer leurs plaintes, ou s'en désister, surtout lorsqu'elles ont fait quelque arrangement avec le prévenu. J'ai vu plus d'un maire partager l'opinion, assez générale, que, dans ce cas, il n'avait plus à s'occuper du délit qui lui avait été dénoncé, et que les procès-verbaux dressés ne devaient pas être envoyés au procureur du roi.

C'est là une très-grande erreur, sur laquelle je dois particulièrement appeler l'attention de ces fonctionnaires.

Il n'y a que trois sortes de délits, dans toute notre législation pour lesquels le *retrait* de la plainte ou la transaction des parties dessaisisse les officiers de police judiciaire.

1° *L'Adultère, Code pénal*, art. 337; —2° les contraventions aux Lois sur les *Contributions indirectes et les Octrois; Loi du 5 ventôse* an XII, art. 88 à 90; *Ordonnance du 9 décembre* 1814, art. 83; —3° celles aux Lois sur les *Douanes ; Arrêté du 14 fructidor* an X.

Pour ces trois délits, lorsque la plainte portée par un mari contre sa femme ou par les employés de la Régie a été retirée, les maires n'ont plus à s'en occuper. Mais hors ces trois cas, le retrait de la plainte ou le désistement des parties lésées ne doit point empêcher ces magistrats de constater régulièrement le fait qui leur a été dénoncé.

En effet, la loi ne saurait être plus formelle et plus claire sur ce point. Le Code civil dispose, art. 2046 : *On peut transiger sur l'intérêt civil qui résulte d'un délit. La transaction n'empêche pas la poursuite du ministère public.* — Le Code d'instruction criminelle, art. 4 : *La renonciation à l'action civile ne peut arrêter ni suspendre l'exercice de l'action publique.*

Ainsi, en règle générale, que la plainte ait été ou non retirée, le délit dénoncé doit être constaté, à moins, toutefois, qu'il ne concerne exclusivement l'intérêt du plaignant; tel que des *injures* envers un simple particulier; des *voies de fait*, sans gravité ni effusion de sang; un fait de *chasse* sur un terrain entièrement dépouillé de sa récolte en temps licite et avec un permis de port d'armes, etc.

Dans ces différents cas, l'usage et la jurisprudence ayant établi que l'on peut laisser aux parties lésées le soin de poursuivre, elles-mêmes, le délit dont elles se plaignent, à plus forte raison les maires peuvent-ils s'abstenir de s'en occuper lorsqu'elles ont retiré leurs plaintes.

28. *Avis à la gendarmerie.* L'avis que les maires doivent à la gendarmerie (Voy. § 16, n° 127), des délits qui se commettent sur leur territoire, ne les dispense pas de dresser procès-verbal de ces infractions. Souvent les maires négligent de m'informer, même par une simple lettre, des délits sur lesquels la gendarmerie a recueilli des renseignements auprès d'eux. C'est un oubli qu'il faut éviter; les gendarmes, quelque soit leur zèle habituel, peuvent avoir omis dans leur procès-verbal quelque circonstance intéressante, qui, peut-être, n'échappera pas au maire et qui me demeurerait inconnue, si ce fonctionnaire s'abstenait de constater le même délit. J'excepterai, toutefois, de ce soin, les faits de Chasse; les procès-verbaux que les gendarmes en dressent, en cas de flagrant délit, dispensent les maires de s'en occuper également.

§ IV.

Du Flagrant délit.

29. Le Flagrant délit est défini par la loi : *Le délit qui se commet actuellement, ou qui vient de se commettre. Code d'inst. crim.* art. 40.

Le législateur ne s'est pas expliqué sur le délai qui peut s'écouler entre le moment où le délit a été commis et celui où l'officier de police judiciaire en a été informé, sans que le délit cesse d'être réputé *flagrant ;* mais, dans l'usage, on s'accorde, généralement, à étendre ce délai au moins à 24 heures et même d'avantage. Il est bien évident, en effet, que si, pour pouvoir opérer en cas de *flagrant délit*, le maire devait se trouver sur les lieux, au moment où le délit se commet, ou quelques instants après sa consommation, il n'y aurait presque jamais, surtout dans les communes d'un territoire étendu, de police judiciaire possible.

Une fois que le maire est saisi régulièrement de la connaissance d'un délit, son pouvoir n'est plus limité par les délais ci-dessus, et il peut continuer ses opérations, pourvu qu'il ne les interrompe que pour prendre du repos, pendant tout le temps nécessaire à leur achèvement. Lorsque les procès-verbaux ou pièces ont été envoyés au procureur du roi, le maire est *dessaisi* de l'affaire et ne doit plus recueillir qu'à titre de renseignements, les documents qui lui parviennent plus tard. Voy. le n° 57, pour les *crimes et délits non flagrants.*

La loi assimile au flagrant délit :

1° Le cas où le prévenu est poursuivi par la clameur publique ; *ibid.* art. 41 ;

2° Celui où il est trouvé saisi d'effets, armes, instruments ou papiers faisant présumer qu'il est auteur ou complice, pourvu que ce soit dans un temps voisin du délit; *ibid.*;

3° Celui, où le chef d'une maison requiert le maire de constater un crime ou délit même non flagrant, qui aura été commis dans l'intérieur de cette maison. *Idem.* art. 46, 49, 50.

30. Dans les quatre cas que je viens d'énoncer, les maires et adjoints ont le pouvoir de faire tous les actes qui sont de la compétence du procureur du roi lui-même, et qui sont réglés par les articles 32 à 46 du code d'Instruction criminelle. *Idem*, articles 49 et 50.

Je ne saurais trop recommander à ces magistrats de faire promptement usage de ce pouvoir, surtout quand le fait qu'on leur dénonce présente de la gravité.

Il y a une vérité qu'enseigne l'expérience, et dont ils doivent se bien pénétrer, c'est que, lorsque un officier de police judiciaire, informé à temps, d'un délit qui vient de se commettre, se transporte diligemment sur les lieux, et recherche, avec zèle et persévérance, les auteurs de ce délit, il est bien rare qu'ils échappent à la justice.

En effet, dans un moment rapproché de l'événement, les témoins, touchés de ce qui vient de se passer, sont mieux disposés à faire des révélations; les traces que le meurtrier ou le voleur a pu laisser de son passage, sont encore fraîches; les objets ou les instruments, dont il s'est emparé ou servi, et qui sont, à eux seuls, une charge accablante, n'ont pas encore eu le temps de disparaître; c'est un vêtement taché de sang; ce sont des chaussures souillées de boue que l'on n'a pu laver; ce sont enfin les instruments du meurtre ou les produits du vol que l'on n'a pas eu le loisir de cacher; etc.

Quelques heures, quelques instants plus tard, et faute de diligence de la part de l'officier de police judiciaire, la justice peut être désarmée et le forfait demeurer impuni.

On pressent que je ne puis exposer ici, même d'une manière sommaire, les règles et les conseils qui doivent diriger MM. les maires, en cas de flagrant délit, pour chacun des crimes ou délits si divers qu'ils peuvent être appelés à constater. — Je dois me borner à rappeler quelques principes généraux dont ils étendront ou modifieront l'application, suivant la nature du fait dénoncé, et ce que leur prudence leur suggérera.

Observations générales.

31. A cet égard une première distinction se présente à l'esprit, c'est que la manière de procéder ne doit pas être la même, lorsqu'il est question de délits de peu d'importance, que lorsqu'il s'agit de crimes graves. Dans le premier cas, lorsqu'il n'y a eu, par exemple, que des Coups sans effusion de sang et sans fracture; de simples Maraudages; des Diffamations ou injures publiques ou d'autres délits, ou contraventions qui ne demandent pas à être constatés sur le lieu même, il suffit que le maire verbalise, en recevant la déclaration des plaignants et des principaux témoins, et qu'il fasse inviter l'inculpé à venir s'expliquer devant lui sur le délit dénoncé, suivant ce que je dis de *l'interrogatoire* des prévenus, au § 6, n° 70. Si l'inculpé, ainsi averti, ne se présente pas, et qu'il n'y ait pas lieu de l'arrêter (voy. n° 69), il est passé outre, et l'on fait, dans le procès-verbal, mention de sa non-comparution. Pour les *crimes et délits non flagrans*, voy. n° 57.

32. S'il s'agit, au contraire, d'un crime ou d'un délit grave, par exemple d'un Assassinat; d'un Incendie volontaire; d'un Empoisonnement, ou d'une tentative de ces crimes; de Coups et blessures avec grande effusion de sang ou fracture d'un membre, d'un Viol ou d'une tentative de ce crime; de Vol commis avec effraction ou escalade, etc. ou même d'un simple délit, mais qui présente de la gravité, etc. le maire doit, sans aucun retard, se transporter sur les lieux. *Code d'inst. crim.* art. 32, 49 et 50. Il se fait accompagner de son adjoint ou du conseiller municipal, le premier dans l'ordre du tableau, ou de deux citoyens domiciliés dans la commune, à moins qu'il n'y ait impossibilité de se procurer, tout de suite, ces assistants. *Idem*, art. 42; *Loi du* 21 *mars* 1831, art. 5.

Là, il examine, d'abord, si le crime commis est de la nature de ceux énumérés au § 3, *des avis à donner au Procureur du Roi*, n° 18; en cas d'affirmative il procède comme il est dit à ce §.

Si le crime ou le délit n'exige pas impérieusement ma présence ou celle de M. le juge de paix du canton, le maire procède, en général, de la manière suivante.

33. *Blessures.* Lorsqu'il y a des blessures, des violences, des contusions à constater, il envoie avertir le médecin ou le chirurgien le plus voisin, et le commet, pour cette opération, après lui avoir fait prêter le serment dont il est question au § 9, *des accidents graves*, etc. n° 78. *Provocation; légitime défense.* v. plus bas, n°. 52.

34. *Traces sur les lieux; État des lieux.* S'il s'agit d'un crime ayant laissé des vestiges sur les lieux, comme des empreintes de pas ou toutes autres traces fugitives, le maire s'occupe, d'abord, à les reconnaître, les examiner, les décrire avec le plus grand soin; si ces traces ont été laissées par des souliers ferrés, dont les clous soient marqués sur le sol, il faut compter minutieusement ces empreintes, et dire si elles offrent quelque chose de particulier; par exemple si un clou paraît manquer dans la chaussure, ou faire plus de saillie que les autres. Il est bien entendu que si l'auteur du fait est soupçonné, il faut, en sa présence, rapprocher ses chaussures des empreintes laissées sur le sol, pour connaître si elles s'y rapportent.

Le procès-verbal ou la partie du procès-verbal, où l'on constate ces circonstances et d'autres de même nature (par exemple les effractions, escalade, etc. commises par un voleur, V. plus bas, n° 42), se nomme un *État de lieux. Code d'inst. crim.*, art. 32. Nul acte d'information préliminaire ne demande à être rédigé avec plus de soin. voy. § 10, *de la rédaction des procès-verbaux*, n° 86.

35. *Perquisitions.* A l'égard de certains délits et surtout des vols, l'opération la plus efficace pour la manifestation de la vérité, est une perquisition ou visite domiciliaire pour tâcher de découvrir les objets volés.

Ces visites, qui ont quelque chose d'humiliant pour les personnes qui en sont l'objet, et peuvent laisser planer sur leur compte les soupçons les plus fâcheux, ne doivent pas être faites légèrement; il faut qu'il s'élève contre un individu au moins quelques indices qui autorisent l'officier de police judiciaire à se transporter chez lui. Voyez plus bas, § 5, des *Visites domiciliaires, perquisitions et saisies.*

36. *Défense de s'éloigner du lieu visité.* Si, lors de la visite, en flagrant délit, d'une maison ou de tout autre lieu, le maire craint la disparition de quelqu'objet ou le départ d'un témoin essentiel, il doit user du droit que la loi lui accorde de défendre à qui que ce soit de s'éloigner de la maison ou du lieu où se fait l'opération, avant la clôture de son procès-verbal. *Code d'Inst. crim.* art. 34. Tout contrevenant à cette défense est constitué en état d'arrestation, s'il peut être saisi, et mis, immédiatement, à ma disposition. Dans tous les cas, il est fait mention de cet incident, dans le procès-verbal. *Id. Ibid.*

37. *Déclarations des témoins.* Après ces premières opérations, le maire reçoit les déclarations des parents, voisins, domestiques et autres personnes présumées en état de donner des éclaircissements sur le fait (voyez § 10 de la *rédaction des procès-verbaux*, n°. 93). *Code d'Inst. crim.*, art. 33.

38. *Arrestation de l'inculpé.* Pendant et après ces opérations, s'il s'élève des indices graves contre un individu, d'avoir commis le crime ou délit, le maire ordonne son arrestation en se conformant à ce qui est expliqué au § 6, *de l'arrestation des prévenus*, ou bien il le fait garder à vue provisoirement dans son domicile.

Je ne saurais trop recommander à MM. les maires de prendre, au moins, cette dernière précaution pour tous les crimes de quelque gravité et, surtout, pour ceux qui emportent peine capitale ou perpétuelle ou même les travaux forcés à temps.

L'arrestation préventive d'un inculpé n'a pas seulement pour but de l'empêcher de se dérober, par la fuite, aux poursuites de la justice; elle est encore destinée à lui ôter les moyens de faire disparaître les traces de son crime ; d'effrayer les témoins dont il peut avoir à redouter les déclarations ; de se soustraire, enfin, par un suicide, au châtiment qui l'attend.

L'arrestation d'un individu prévenu d'un crime grave et flagrant a paru au législateur une mesure provisoire tellement essentielle qu'il a imposé l'obligation *à tout dépositaire de la force publique* et même *à toute personne* de saisir le prévenu, surpris en flagrant délit et de le conduire devant le procureur du roi, sans qu'il soit besoin de mandat d'amener, si le fait emporte peine afflictive ou infamante. *Code d'Inst. Crim.* art. 106. Pour les procès-verbaux en cas de flagrant délit, voy. *Modèles*, n° 1.

39. *Expertise. Experts.* Il est souvent utile et quelquefois même indispensable, en *flagrant délit*, de soumettre à des Experts, les instruments ou objets qui ont servi à commettre un délit ou qui en ont été le résultat, afin de vérifier, avec plus de certitude, les rapports ou les dissemblances entre ces divers objets, qui peuvent contribuer à la découverte de la vérité. Par exemple, lorsqu'il s'agit, en cas de *vol*, de rapprocher des outils des traces laissées, par le voleur, sur des meubles ou serrures fracturés; de comparer des objets trouvés chez le prévenu, avec ceux demeurés chez le plaignant; tels que grains, fourrages, toiles, étoffes, etc.

Lorsqu'une Expertise paraît utile, le maire requiert l'assistance d'une ou deux personnes présumées, par leur art ou leur profession, capables d'apprécier la nature ou les circonstances du crime ou délit. Il leur fait prêter avant l'opération, le serment de faire leur rapport et de donner leur avis en leur honneur et conscience. *Idem*, art. 43, 44. Il fait mention de cette formalité dans son procès-verbal, où il consigne également les questions par lui posées aux Experts, sur les objets à examiner, l'avis à donner etc.

40. *Dissentiment des Experts.* Lorsque deux Experts ont été commis, et qu'ils diffèrent d'opinion dans le résultat de leur examen, le maire en nomme un troisième, pour se livrer à la même opération concurremment avec les deux premiers. Le rapport est ensuite rédigé, par les trois Experts en commun, s'ils savent tous écrire, ou si quelqu'un d'eux ne le sait pas, par le maire, sous leur dictée. Arg. du *Code de procédure civile*, art. 317 et du *code d'Inst. crim.* art. 42, 49 et 50. — Les Experts forment leur avis à la pluralité des voix sauf à indiquer, en cas d'opinions différentes, les motifs de chacune (*Code proc. civ.* art. 318) et à désigner nominativement celui ou ceux des Experts qui les ont émises. L'article 318 du Code de procédure civile, interdit de faire connaître l'avis personnel de chacun des Experts ; mais cette règle est réservée aux matières *civiles* où l'instruction se fait par *écrit* ; elle n'est pas applicable aux matières *criminelles* où l'instruction est essentiellement *orale*. Or, les Experts commis par le maire pouvant être appelés en témoignage devant le tribunal où l'affaire sera jugée, il faut bien, en cas de dissentiment, connaître ceux à qui doivent être attribués les divers avis consignés dans le rapport.

Le maire peut transcrire dans son procès-verbal, le rapport des Experts ; cependant il vaut mieux rédiger cet acte séparément, afin de ne pas être arrêté par le retard qui résulterait de ce que les Experts ne pourraient pas opérer ou former leur opinion, à l'instant même.

41. *Ouvriers à requérir.* Il arrive souvent, en cas de flagrant délit, que les recherches ou constatations à faire nécessitent l'emploi d'ouvriers de différents états. A ce sujet MM. les maires ne perdront pas de vue qu'*aux termes de* l'article 475, n° 12, du Code pénal, ils ont le droit de requérir tout ouvrier et même toute personne présente, de faire les travaux ou de leur prêter le secours que leurs opérations rendraient nécessaires : par exemple l'ouverture d'une maison ou de ses meubles; la visite d'une fosse ou d'un puits ; le transport d'un cadavre ou de pièces de conviction d'un grand volume ; celui d'un prévenu arrêté; l'arrestation du prévenu lui-même, etc. enfin les travaux et secours commandés par une Inondation, un Incendie ou d'autres calamités. *Modèles*, n°. 2.

Si, dans une de ces circonstances, les ouvriers ou citoyens requis, même verbalement, par le maire

de

l'assister, s'y refusent ou négligent de le faire, lorsqu'ils le peuvent, ce fonctionnaire dresse procès-verbal contr'eux. *Modèles*, nº 4.

Ces règles générales, je l'ai dit, se modifient suivant la nature du délit à constater. Il en est d'autres indiquées par l'expérience pour des délits qui exigent des constatations particulières ; j'en exposerai ici quelques-unes à titre d'exemple.

Observations particulières a certains délits.

42. *Vols.* Lorsqu'il y a eu un *vol*, commis dans une maison habitée ou ses dépendances, à l'aide d'escalade ou d'effraction extérieure ou intérieure, ou par une entrée souterraine, il faut constater les traces et la nature de ces différentes circonstances, en dressant l'*Etat des lieux* (voy. plus haut nº. 34) : — mesurer la hauteur des murs, croisées, toits, etc. que le voleur a escaladés pour s'introduire dans l'habitation ; dire quelles traces il a laissées de son passage ; — spécifier la nature des effractions, par lui commises, soit à l'*extérieur*, — aux contrevents, persiennes, croisées, portes, etc. — soit à l'*intérieur*, aux planchers, cloisons, armoires, buffets, secrétaires, coffres, malles, ballots sous toile et corde, etc.

Si ces effractions présentent quelques traces d'un instrument quelconque, on les mesure, et on les décrit avec soin, et, lorsque les instruments du prévenu sont saisis, on les rapproche de ces traces, en sa présence.

Il ne faut pas perdre de vue qu'aux termes de la loi il n'est pas indispensable qu'une clôture ou un meuble quelconque, ait été *brisé*, pour qu'il y ait *effraction* ; il suffit qu'il y ait eu *forcement* ou *dégradation*, etc.

Si quelque objet, tel que serrure, verrou, moraillon, plenche, couvercle, etc., a été brisé, le maire en ordonne la saisie, pour servir de pièce à conviction.

Enfin, si le vol paraît avoir été commis avec *fausses clefs*, il faut saisir, sur la personne et au domicile du prévenu, les clefs, crochets, rossignols, etc. qui y seront trouvés; les essayer, en sa présence, aux serrures ouvertes à l'aide de fausses clefs, et constater le résultat de cet essai.

Recéleurs. La recherche des auteurs d'un vol quelconque ne doit pas faire négliger celle des *recéleurs* des objets volés. Un des plus sûrs moyens d'arriver à connaître les premiers, c'est la découverte des derniers. Le *Recel*, étant passible des mêmes peines que le vol, proprement dit, mérite d'être poursuivi avec la même activité, et, d'autant plus, que les Recéleurs, comme chacun le sait, encouragent les voleurs par la facilité qu'ils leur donnent de se défaire des objets volés.

43. *Coupe d'arbres.* S'il s'agit du délit de *coupe d'arbres* plantés à main d'homme, et que ce délit ait été commis à l'aide d'un instrument tranchant, on recherchera, en examinant les arbres coupés, si, ce qui arrive assez souvent, l'instrument employé ne portait pas quelques brèches ayant laissé des traces sur la *blessure* de l'arbre ; si cet indice existait, une perquisition générale (voyez, le § 5, des *visites domiciliaires*) devrait être faite, à l'instant même, chez tous les individus soupçonnés, et leurs haches, serpes, etc. rapprochées des arbres coupés, pour reconnaître l'instrument qui a servi à commettre le délit. Si cet instrument était découvert, le maire ferait scier un ou deux tronçons des arbres coupés pour que la vérification, ci-dessus, pût être opérée, de nouveau, au tribunal.

Il est indispensable, en constatant ce délit, d'énoncer exactement le nombre des arbres *abattus*, ou seulement *mutilés* ou *écorcés*, de manière à les faire périr ; le Code pénal ayant (articles 445 à 447) proportionné la peine au nombre d'arbres abattus, etc.

44. *Délits forestiers. — Coupe et Enlèvement d'arbres.* Pour le délit de coupe et d'enlèvement d'arbres en forêts, il n'est pas seulement essentiel de constater le nombre des arbres coupés ou enlevés, il faut encore mentionner leur *essence* et leur circonférence. Le Code forestier (articles 192 et suivants) a établi des amendes qui varient selon l'essence et la circonférence des arbres, et qui augmentent avec leur grosseur.

La circonférence de l'arbre doit être mesurée à un mètre du sol, ou bien sur la souche, si le tronc de l'arbre a entièrement disparu. Les arbres au-dessous de 2 décimètres de tour ne sont comptés que par charretées, charges de bête de somme ou charges d'homme suivant la disposition du bois coupé. *Code Forestier*, art. 193.

Quelques autres circonstances qui sont de nature à aggraver le délit forestier, doivent aussi être mentionnées. Ainsi, pour les animaux trouvés en délit, dans des bois, il faut dire si ces bois ont plus ou moins de dix ans, parce que l'amende prononcée varie suivant leur âge. *Idem*, art. 199.

Si le délit a été commis *la nuit*, ou si les délinquants ont fait usage de la *scie*, pour couper des arbres sur pied, il faut le mentionner, parce que, dans ces cas, l'amende est double. *Idem*, art. 201.

Confiscation des outils des délinquants. — Le Code forestier, art. 198, prononce la confiscation des *scies*, *haches*, *serpes*, *cognées* et autres instruments de même nature, dont les délinquants et leurs complices sont trouvés munis. Il n'impose pas l'obligation de saisir ces instruments, et c'est avec raison, car cette opération, dans des lieux presque toujours solitaires, aurait pu occasionner de déplorables voies de fait. On doit donc, en général, s'abstenir de saisir effectivement, les outils ci-dessus; mais on en déclare la saisie aux délinquants, entre leurs mains; on évalue approximativement la valeur de ces instruments, et l'on fait mention du tout dans le procès-verbal.

Age et état des délinquants. Il faut aussi, autant que possible, constater l'*âge* et l'*état* des délinquants, à cause de la responsabilité civile des maris, pères, mères et tuteurs, maîtres et commettans, à l'égard des délits et contraventions commis par leurs femmes, enfants mineurs et pupilles, demeurant avec eux et non mariés, ouvriers, voituriers et autres subordonnés. *Code forestier*, art. 206.

44 *bis. Vol de bois dans une vente.* Si les arbres enlevés étaient abattus d'avance et destinés à la vente, leur soustraction constitue le délit beaucoup plus grave prévu par l'art. 388, § 2, du Code pénal. Pour le constater il n'est pas nécessaire de mesurer les arbres volés, il suffit d'en mentionner le nombre et de dire si le vol a été commis dans une Vente.

45. *Délits de pêche fluviale. Filets et engins prohibés.* Il est défendu de se servir, pour pêcher, de certains procédés ou instruments de nature à nuire au repeuplement des rivières. *Loi du* 15 *avril* 1829, art. 26; *ordonnance du Roi* du 15 *novembre* 1830. — Deux arrêtés de M. le Préfet, en date du 22 avril 1831 et du 28 mars 1834 (homologués par ordonnances du Roi du 3 novembre 1831 et du 26 août 1836), insérés dans le recueil des actes administratifs, 1831, p. 378 à 382; 1836, p. 242 à 248) spécifient, pour le département, les procédés, modes, filets, engins, instruments de pêche, etc., dont il est défendu de se servir; les Maires devront consulter ces Arrêtés. Je leur signalerai, cependant, ici, comme devant être plus particulièrement saisis (*Loi du* 15 *avril*

1829, art. 41) les filets et instruments connus sous les noms *d'Épervier*, de *Traîneau*, *de Poche*, de *Truble*, de *Tambour*, de *Carrelet*, de *Fouine* ou *Trident* et de *filets Barrages*. *Voy. dits arrêtés.*

Indépendamment des engins défendus par les Arrêtés ci-dessus de M. le Préfet, sont aussi prohibés, sous les mêmes peines : — 1° Les filets traînants ; — 2° Les filets dont les mailles carrées, sans accrues et non tendues, ni tirées en losange, auraient moins de 30 millimètres (14 lignes) de chaque côté, après que le filet aura séjourné dans l'eau ; — 3° Les bires, nasses ou autres engins, dont les verges en osier seraient écartées entre elles de moins de 30 millimètres.

Sont néanmoins autorisés pour la pêche des goujons, ablettes, loches, vérons, vandoises et autres poissons de petite espèce, les filets dont les mailles ont 15 millimètres (7 lignes) de largeur, et les nasses d'osier ou autres engins dont les baguettes ou verges sont écartées de 15 millimètres. Les pêcheurs ont aussi, pour les mêmes poissons, la faculté de se servir de toute espèce de nasses en jonc, à jour quelque soit l'écartement de leurs verges. *Ordonnance du* 15 *novembre* 1830, art. 1 et 2.

Confiscation des filets. La loi (15 *avril* 1829, art. 29) prononce la confiscation des filets, engins, ou instruments de pêche prohibés, soit lorsqu'ils ont servi à commettre un délit de pêche, soit même lorsqu'ils ont été trouvés simplement en la possession des pêcheurs, hors de leur domicile. Il n'est pas indispensable, pour que la confiscation puisse être prononcée, que la saisie de ces engins ait réellement été opérée. La loi (*ibid.*, art. 41) ne l'exige pas, parce que, dans certains cas, à cause de l'étendue et du poids considérable des filets, la saisie eût été impraticable. Il faut, seulement, en constatant, soit le délit de pêche, soit le port simple d'instruments prohibés, déclarer la saisie des engins aux délinquants et leur faire sommation de les remettre immédiatement. Mention du tout est ensuite faite dans le procès-verbal. *Id. Ibid.*

Temps prohibé. La pêche est aussi défendue à certaines époques de l'année et heures du jour. L'arrêté de M. le Préfet du 22 avril 1831, p. 378, l'interdit, dans ce département, du 15 mars au 15 mai, à toute heure de jour et de nuit ; et le reste de l'année depuis le coucher jusqu'au lever du soleil, excepté pour la pêche de *l'Alose*, du *Saumon*, de *l'Anguille* et de la *Lamproie*, qui peut avoir lieu à toute heure et en tout temps.

Nuit. Lorsqu'un délit de pêche est commis la nuit, la peine est double. *Loi du* 15 *avril* 1829, art. 70.

Age, État des délinquants. Ils doivent être mentionnés comme pour les délits forestiers, à cause de la responsabilité civile des maris etc. porteurs de licence, etc. *Id.* art. 74.

46. *Délits de chasse.—Faits de chasse. Constatation.* La loi n'a pas donné la définition du délit de chasse proprement dit : elle dit simplement (*Loi du* 30 *avril*, art. 1er) : « Il est défendu à toute personne de *chasser*, » etc. ou bien (*Décret de* 1812, art. 1er) : « Quiconque sera trouvé *chassant*, » etc. -- C'est aux tribunaux, on le voit, à apprécier si les circonstances relatées dans les procès-verbaux ou les dépositions des témoins, établissent que le prévenu a réellement *chassé*, ou a été trouvé *chassant*. Or, il arrive assez fréquemment que les rédacteurs des procès-verbaux se contentent, en constatant un délit de chasse, d'employer les termes même de la loi et d'énoncer que le prévenu *chassait*, était *en chasse*, ou en attitude de chasse, etc. Ces énonciations sont évidemment insuffisantes, pour former la conviction du tribunal, en cas de dénégation ou d'explications contraires de la part du prévenu. Je suis alors obligé de faire citer, comme témoins, les maires ou gardes rédacteurs, ce qui a pour résultat de leur causer des déplacements et d'augmenter les frais du procès. Ces inconvénients pourraient être habituellement évités, par une constatation plus complète des circonstances dans lesquelles le chasseur a été trouvé.

Ainsi, il est essentiel de faire connaître, avec exactitude, le costume ou l'équipage de l'individu trouvé en chasse ; la manière dont il tenait son arme ; etc., de dire s'il en a fait usage; s'il était ou non accompagné de chiens : s'il a pris la fuite à l'aspect du maire ou du garde etc.

46 *bis. Idem. — Temps et terrain prohibés.* Chaque année, M. le Préfet détermine, par des Arrêtés, le temps pendant lequel la chasse est permise ou défendue. L'époque la plus ordinaire de l'ouverture de la chasse est le 1er septembre ; celle de la clôture, le 1er mars. *Loi du* 30 *avril* 1790, art. 1er. Indépendamment de cette défense la chasse est prohibée, en quelque temps que ce soit, dans les récoltes des terres *non closes*. Le propriétaire, lui-même, qui chasserait dans ses récoltes, non closes, même en temps permis, commettrait un délit de chasse dont on devrait dresser procès-verbal. *Idem, ibidem.*

Il est bien entendu que sur les terrains dépouillés, la chasse ne peut encore avoir lieu que de l'agrément du propriétaire; toutefois, si ce dernier ne se plaint pas et que la chasse soit ouverte, il ne doit pas être dressé de procès-verbal.

On voit, d'après ce qui précède, que certaines circonstances accessoires des délits de chasse doivent être consignées dans les procès-verbaux, parce qu'elles sont de nature à aggraver ou atténuer, soit le délit, soit la position du prévenu.

Ainsi, en cas de chasse sur le terrain d'autrui, il faut dire si ce terrain est, ou non, *clos* de murs, palissades, haies, ou fossés ; mentionner l'élévation des murs, palissades, haies, et la largeur et la profondeur des fossés (*code Rural, tit.* 1er, section 4, art. 6) ; dire si le terrain est clos, et tient ou non immédiatement à une maison d'habitation. — Ces circonstances de *clôture* et de *dépendance* d'une habitation, entraînent une amende plus forte contre le chasseur. *Loi du* 30 *avril* 1790, art. 2. — D'un autre côté, elles peuvent faire disparaître le délit, parce que l'on peut chasser, en tout temps, dans un enclos avec un permis de port d'armes ; et même sans permis, si cet enclos tient à une habitation.

Enfin, si le fait de chasse avait eu lieu sur un *Lac* ou *Etang* ou dans un *Bois*. il ne faudrait pas oublier cette circonstance. Les propriétaires ou possesseurs ont le droit (*dite loi*, art. 13) de chasser, même en temps prohibé, dans leurs *Lacs* ou *Etangs* et sans chiens courants, dans leurs Bois ou Forêts (*idem*, art. 14).

Permis de port-d'armes; consignation de son prix. Il est indispensable que le chasseur justifie que son *permis* existait au moment où il a été *trouvé chassant*; vainement alléguerait-il que la somme nécessaire pour la délivrance de ce permis a été consignée, et qu'il est en réclamation pour l'obtenir ; ces préliminaires n'empêchent pas le délit d'exister, et procès-verbal doit être dressé contre le chasseur dépourvu de permis. *Décret du 4 mai* 1812, art. 1.

46 *ter. Manière de chasser.* La chasse au fusil, avec ou sans chiens, est la plus usitée, mais n'est pas la seule qui soit interdite dans certains cas. La loi (30 *avril* 1790, art. 1er), ayant défendu de chasser en temps prohibé, dans les récoltes, ou sur le terrain d'autrui, etc. *de quelque manière que ce soit*, il s'en suit que le seul emploi de chiens courants, de furets, de filets, de pièges, etc. constitue un délit de chasse qui doit être constaté, tout comme s'il y avait eu emploi d'armes à feu (sauf les cas où il y a nécessité, de la part du propriétaire ou fermier, de détruire le gibier ou de repousser les Bêtes fauves. *Ibid.* art. 15).

46 *quater. Mineurs de 20 ans.* Enfin, si le chasseur paraît très-jeune, il faut s'assurer de son âge et savoir s'il est célibataire et domicilié chez ses parents. Les pères et mères sont civilement responsables des délits de chasse de leurs enfants mineurs de vingt ans, non mariés et domiciliés avec eux. *Dite loi*, art. 6.

Armes de chasse ; confiscation. La loi, en prononçant (*Id.* art. 5) la confiscation des armes avec lesquelles les délits de chasse auront été commis, défend très-sagement de désarmer les chasseurs. On comprend, en effet, quelles graves collisions pourraient résulter de l'action des gardes qui voudraient s'emparer des fusils des prévenus. Mais, si, ce qui arrive assez fréquemment, un chasseur, surpris en flagrant délit, jette ou cache son arme pour fuir plus promptement, le maire ou le garde qui constate le fait devra s'emparer du fusil, s'il parvient à le découvrir, et le faire déposer au greffe du tribunal.

Dans tous les cas, il faut, autant que possible, mentionner dans le procès-verbal l'*espèce* et la *nature* de l'arme portée par le chasseur surpris ; dire si le fusil est simple ou double ; à pierre ou à piston, etc. Ces détails sont utiles au Tribunal pour la fixation (*Décret du 4 mai* 1812, art. 3) de la valeur de l'arme du prévenu, et au procureur du roi pour l'exécution du jugement en ce qui concerne le dépôt au Greffe, de l'arme confisquée.

47. *Délits Ruraux.* Pour quelques-uns de ces délits, les amendes prononcées par la loi étant fixées d'après le *dommage* causé au propriétaire, il faut, autant que possible, en constatant le délit, estimer le dommage qui en a été le résultat. Cette estimation se fait en présence du propriétaire ou fermier du terrain et du prévenu, ou eux duement appelés. Si cette opération présente quelques difficultés ou donne lieu à des contestations sérieuses, elle est confiée à un ou deux experts qui prêtent serment, devant le maire, «de faire leur rapport et de donner leur avis en leur honneur et conscience». *Code d'inst. crim.* art. 43. et 44. Voy. pour les règles de l'Expertise, plus haut, nos 39 et 40.

Lorsque le dommage n'a pas été évalué dans le procès-verbal, il résulte de cette omission plus d'un inconvénient. D'abord, le maximum de l'amende encourue, se trouvant indéterminé, le délit est, nécessairement, porté devant le tribunal correctionnel, ce qui occasionne des frais plus considérables que devant le tribunal de simple police. *Code d'Inst. crim.* art. 179. Ensuite l'affaire, fût-elle portée devant le juge de paix, ce magistrat peut se trouver dans la nécessité d'estimer, lui-même, ou de faire estimer le dommage (*ibid.* art. 148, *code Rural*, tit. 2, art. 7); frais que l'évaluation, faite dans le procès-verbal, aurait épargnés.

Ainsi, MM. les maires, lorsqu'ils constateront, ou feront constater, par leurs gardes, les délits ruraux que je vais indiquer, devront veiller à ce que le dommage soit toujours évalué dans le procès-verbal.

48. Les délits ruraux où l'amende est principalement basée sur le dommage causé, sont:

1. L'*Inondation* de l'héritage d'autrui; *code Rural*, titre II, art. 15 et 16;

2. Le *pacage* de bestiaux sur les terres des particuliers ou sur les communaux ensemencés ou non dépouillés de leurs récoltes, ou clos de murs, de haies ou de fossés. *Id. Ibid.* art. 25.

3. La *garde à vue de bestiaux* dans les récoltes d'autrui; *Id. Ibid.* art. 26.

4. La coupe ou la destruction de petites parties de blé en vert, ou d'autres productions de la terre, sans intention de les voler. *Id. Ibid.* art. 28.

5. La blessure ou la destruction de bestiaux ou de chiens de garde. *Id. Ibid.* art. 30;

6. L'enlèvement de fumier, de marne ou autres engrais portés sur les terres. *Id. Ibid.* art. 33.

7. Le maraudage de bois dans les plantations d'arbres. *Id. Ibid.* art. 36.

Age, Etat des délinquants. Les procès-verbaux doivent contenir les détails nécessaires à cet égard, à cause de la responsabilité civile des maris, pères, maîtres etc. *Id. Ibid.* art. 7.

48 *bis. Inondations de chemins ou des propriétés d'autrui.* — Ces délits, ordinairement commis par les propriétaires ou locataires de moulins ou d'usines, causent les plus grands dommages aux propriétés rurales. Ils sont très-fréquents dans cet arrondissement, à cause de la multitude d'usines et de cours d'eau qui s'y trouvent, et leur constatation exige des soins particuliers. Je les recommande, d'une manière toute spéciale, à la surveillance de MM. les maires.

Il y a, à proprement parler, deux sortes d'Inondations punissables; celles qui résultent de *l'élévation du déversoir* des moulins, usines ou étangs au-dessus de la hauteur *réglée* par l'autorité compétente; elles sont prévues par le Code pénal, art. 457; et celles qui ont lieu de *toute autre manière;* par exemple qui sont causées par des usines etc. *non réglées;* elles sont prévues par le *code Rural*, titre II, art. 15 et 16.

Inondations des usines réglées. La première espèce d'Inondation, ne peut être imputée à un *usinier,* que lorsque le niveau de son déversoir et, par conséquent, la hauteur à laquelle les eaux peuvent être retenues dans son bassin, a été déterminé par un arrêté administratif, sanctionné, lui-même, par une Ordonnance royale, conformément à la loi du 14 floréal an XI, et à l'ordonnance du 7 juillet 1824 (*Recueil* de 1824, p. 242 et suiv.), qui est spéciale pour le département d'Indre et Loire.

On fixe cette hauteur par un *Repère* invariable et par un contre-Repère établi sur un point permanent de la maçonnerie de l'usine. Cette opération est confiée aux soins d'un ingénieur des Ponts et chaussées qui la constate par un procès-verbal dressé en triple expédition et déposé à la Préfecture, au Tribunal de l'arrondissement et à la Mairie du lieu. *Ordonnance du 7 juillet*, art. 2 et 7.

Lorsque l'Inondation des chemins ou des propriétés paraît être causée par un moulin ou une usine dont les eaux ont été *réglées*, le maire se transporte sur les lieux, avec le procès-verbal ci-dessus. Il examine, d'abord, si le déversoir a subi un exhaussement. Les usiniers emploient souvent, dans ce but, des madriers, retenus par des coulisses ou des pierres placées aux extrémités du déversoir. Si l'on s'est servi de ce moyen, ou de tout autre semblable, il n'y a point de doute, et le délit d'inondation est flagrant. Mais il peut arriver que l'exhaussement ait été opéré à l'aide d'une nouvelle assise, maçonnée sur le déversoir; alors le délit ne peut être exactement constaté qu'au moyen d'un nivellement, dont le *Repère* est le point de départ. Le maire informe de cette circonstance M. le Préfet, qui fait commettre un employé des Ponts et chaussées à l'examen de la localité. Le résultat des opérations de cet employé est ensuite consigné dans le procès-verbal du maire.

L'exhaussement du déversoir, et, partant, le délit d'Inondation, une fois établi, le maire s'occupe des dommages qui en ont été la suite; il appelle à son procès-verbal le propriétaire ou le fermier de l'usine et les propriétaires inondés ; il évalue, dans cet acte, le plus exactement possible, les dommages causés aux propriétés riveraines, et, si cela est nécessaire, il confie cette estimation à des experts, suivant ce qui a été dit plus haut, au §4, du *flagrant délit*, n° 39. *Ordonnance du 7 juillet*, art. 2 et 12.

Si l'Inondation a causé quelque *dégradation* à des bâtiments, clôtures, chaussées, etc., le maire doit la constater ; le délit, dans ce cas, étant réprimé par une peine plus forte. *Code pénal*, art. 457.

Dans tous les cas, les usiniers sont tenus, lorsque les eaux s'élèvent de 10 à 12 centimètres sur leurs déversoirs, de lever leurs vannes de décharge, afin de procurer un débouché suffisant. Le défaut d'accomplissement de cette obligation, de leur part, constitue, s'il y a Inondation, et lors même que leur usine n'aurait pas été *réglée*, le délit d'Inondation simple, prévu par le Code Rural, tit. II, art. 15 et 16 (voy. au bas de la page). *Ordonnance du 7 juillet*, art. 4.

De plus, en cas d'inexécution de cette disposition, les vannes peuvent être, d'office et à la diligence du maire, levées et cadenassées aux frais de qui de droit. *Id.* art. 5. Indépendamment du procès-verbal qui est dressé de la contravention, il est rendu compte, sur-le-champ, de cette mesure à M. le Préfet.

Enfin, pour les usines réglées, les vannes doivent être coupées et arasées au niveau du déversoir. *Dite ord.* art. 3. La simple contravention à cette disposition est de la compétence du tribunal de police.

Inondations simples. Mais les Inondations causées par l'exhaussement des déversoirs d'usines *réglées*, sont les moins communes, parce qu'il n'y a, dans l'arrondissement, qu'un petit nombre d'usines dans cette position.

Le plus ordinairement ces délits sont commis soit par

les propriétaires d'étangs, qui en surexhaussent les déversoirs; soit par des propriétaires riverains qui élèvent des barrages dans des cours d'eau, afin d'arroser leurs propriétés; soit, et la plupart du temps, par des usiniers non *réglés*, qui, pour se procurer une plus grande chûte, baissent leurs vannes ou élèvent leurs déversoirs. Ces délits, quoique simplement réprimés par le *Code rural*, titre II, art. 15 et 16, n'en doivent pas moins être poursuivis.

Pour les constater, le maire doit principalement rechercher, d'après la situation et l'usage des lieux, si l'inondation provient réellement du fait de l'Individu auquel on l'attribue, ou si elle n'aurait pas été déterminée par quelques travaux des propriétaires inondés eux-mêmes; par le défaut de réparation des digues dans les endroits où il en existe, etc. — La véritable cause de l'Inondation une fois reconnue, le maire s'occupe comme il est dit ci-dessus, des dommages qui en ont été le résultat.

Curage des cours d'eau. L'ordonnance de 1824, contient (art. 8 à 11) des dispositions très-utiles et toujours en vigueur, sur le *Curage* et le *Faucardement* (c'est-à-dire le fauchage des herbes, jones etc.) des cours d'eau, principalement de ceux qui sont occupés par des usines; MM. les maires, qui doivent en surveiller l'exécution, n'auront qu'à la consulter.

Cours d'eau. — Barrages, Constructions etc. Un Arrêté de M. le Préfet, du 20 mars 1835 (*Recueil*, page 133 et suiv.), défend, art. 1er, de faire sur les rivières, ruisseaux et cours d'eau quelconques, du département, aucunes entreprises telles que constructions de chaussées, digue, pont, moulin, usine, écluse, barrage, bâtardeau, etc. tendant à mettre un obstacle quelconque au libre cours des eaux ou à en changer la direction, hors le cas prévu par l'art. 644 du Code civil

(« irrigation des propriétés riveraines d'une eau courante »), sans avoir préalablement adressé une demande motivée et circonstanciée au sous Préfet de l'arrondissement et obtenu l'autorisation administrative.

Les Maires, Adjoints, Gardes champêtres etc., sont chargés de constater, par procès-verbaux, toute entreprise de cette nature. Indépendamment de l'action civile contre les contrevenants, il peut y avoir lieu à des poursuites, en simple police, à leur égard. *Dit arrêté*, art. 4.

Si ces constructions, barrages etc., ont occasionné une *inondation*, il en est dressé procès-verbal suivant ce que j'ai dit plus haut, page 50.

Les procès-verbaux constatant une inondation, quelle qu'elle soit, sont adressés au Procureur du Roi (sans préjudice des rapports particuliers destinés à M. le Préfet); ceux qui concernent des contraventions aux dispositions sur les Vannes de décharge, le Curage et le Faucardement, les Barrages, Constructions etc., sont envoyés au maire du chef-lieu du canton.

49. *Mendicité; Vagabondage; Rupture de ban.* Ces délits sont au nombre de ceux qui se commettent le plus fréquemment, et dont la répression doit être la plus active dans l'intérêt de l'ordre.

Mendicité. — La loi punit la mendicité dans quelques lieux et par quelques personnes qu'elle s'exerce. *Code pénal*, art. 274 et 276. Cependant, dans les lieux pour lesquels il n'existe pas de *dépôt de mendicité*, les mendiants, réellement invalides et qui ne sont coupables que de mendicité *simple*, ne sont passibles d'aucune peine. *Id.* art. 274.

Mais, si ces mendiants invalides usent de *menaces;* s'ils entrent, *sans permission*, dans une habitation ou un enclos; s'ils *feignent* des *plaies* ou *infirmités;* s'ils mendient *en réunion* ; s'ils sont *travestis* d'une manière quelconque ; ou *porteurs d'armes* ; ou munis de *limes, crochets* ou instruments propres à commettre des délits ou à pénétrer dans les maisons ; ou porteurs d'une valeur supérieure à 100 francs, sans en justifier l'origine ; ou s'ils ont exercé quelque acte de *violence* que ce soit envers les personnes (*Idem* art. 276 à 279) ; ces mendiants invalides, dans ces différents cas, doivent être arrêtés et mis à la disposition du Procureur du Roi.

Quant aux mendiants *valides*, qui commettent, habituellement, ce délit, ils doivent être arrêtés même dans leur résidence, et, à plus forte raison s'ils sont trouvés hors de leur canton, la peine encourue dans ce cas étant plus sévère. *Id.* art. 275.

Autorisation de mendier. Quelquefois des maires délivrent aux habitants les plus nécessiteux de leur commune une autorisation de mendier. C'est un acte dont il faut s'abstenir, parce que dans certains cas il est illégal ; par exemple lorsque l'autorisation est accordée à des indigens *valides* ; la loi, je l'ai dit, leur défend de mendier habituellement en quelque lieu et sous quelque prétexte que ce soit. Voir à ce sujet, l'arrêté de M. le Préfet du 15 novembre 1830, *Recueil*, p. 373 et sa circulaire du 16 juin 1832, *Idem*, p. 183.

50. *Vagabondage.* — Les *vagabonds* ou *gens sans aveu*, sont les individus qui n'ont ni domicile certain, ni moyens de subsistance, et qui n'exercent habituellement ni métier, ni profession. *Id.* art. 270.

Comme on le voit, la réunion de ces trois conditions est nécessaire pour constituer le délit de vagabondage. Ainsi, un homme, qui, privé d'un domicile certain, aurait, néanmoins, des moyens de subsistance, ou bien exercerait habituellement un métier ou une profession ne serait pas vagabond et ne devrait pas être arrêté comme tel.

Il y a, cependant, un cas où un individu qui aurait des moyens de subsistance devrait être considéré comme vagabond et mis à ma disposition. C'est celui où un homme, privé d'un domicile certain et de l'exercice habituel d'un métier ou d'une profession, serait trouvé porteur d'effets d'une valeur de plus de cent francs, dont il ne pourrait justifier l'origine. Ces valeurs, possédées par un individu livré à l'oisiveté et dépourvu de domicile ne pouvant guère provenir que de vols, leur possesseur doit être arrêté comme vagabond. *Id.* art. 278.

Les individus reconnus en état de vagabondage seront à plus forte raison poursuivis, s'ils sont trouvés *travestis* d'une manière quelconque, ou *porteurs d'armes*, ou munis de *limes*, *crochets* ou autres instruments propres à commettre des délits ou à pénétrer dans les maisons; ou bien s'ils ont commis quelque *acte de violence* que ce soit, envers les personnes. *Code pénal*, art. 277 et 279.

Faux colporteurs. Il y a d'autres individus qui, porteurs de passeports réguliers et pourvus d'un métier ou d'une profession licite, peuvent, néanmoins, et doivent même être considérés comme des vagabonds. Je veux parler des *faux colporteurs* qui fréquentent, en général, les fêtes communales, les foires ou les marchés importants, en apparence pour y débiter des marchandises, et en réalité pour s'y livrer, sous ce prétexte, au vol et à l'escroquerie. Les individus de cette espèce sont aisés à distinguer des colporteurs ou marchands forains véritables, surtout à la nature et à la valeur dérisoire de leurs marchandises. En effet, il demeurera évident pour tout le monde que quelques lacets, quelques chaînes de métal, quelques cahiers de chansons ou quelques couteaux, etc., dont le nombre reste presque toujours le même, ne sont que l'apparence d'un commerce, plutôt qu'un commerce réel. La possession de ces objets qui n'exige presque aucune mise de fonds et leur permet de passer instantanément d'un lieu à un autre n'est qu'un leurre, à l'abri duquel des escrocs de profession tâchent d'exercer leur coupable industrie.

Or, ces individus, quelque réguliers que soient leurs passeports, sont, pour la plupart, passibles de poursuites correctionnelles ; — En général ils n'ont point de domicile certain, ni de moyens de subsistance ; — Ils n'exercent pas, je viens de le démontrer, un métier ou une profession véritables ;

Ils tombent donc sous l'application de l'art. 270 du Code pénal, sur les vagabonds, et sous celle de l'art. 278, s'ils sont trouvés porteurs, sans en justifier l'origine, d'effets ou d'argent d'une valeur supérieure à 100 francs. Ainsi il y a lieu de les mettre à la disposition du Procureur du Roi. *Instruct.* de M. le G. des Sceaux, du 12 juin 1822.

Cet état de vagabondage flagrant s'aggrave encore des démarches suspectes de ces individus qui, dans tous les cas, doivent être l'objet d'une surveillance particulière.

Rupture de Ban. Voy. § 18, des *Condamnés libérés.*

Tous ces détails m'ont paru nécessaires pour bien faire apprécier à MM. les maires les circonstances où un individu devait être réellement considéré comme vagabond ou homme sans aveu, et arrêté comme tel, et pour les empêcher de confondre avec ces délinquants des personnes dont l'identité, peut paraître, au premier abord, n'être pas parfaitement établie, mais qui, cependant, ne sont nullement en état de vagabondage.

51. *Défaut de papiers.* En effet, c'est une erreur assez généralement répandue que celle qui fait considérer comme vagabonds ou, au moins, passibles de l'arrestation préventive, tous les individus qui voyagent sans être porteurs d'un passeport régulier, et lors même que leur extérieur, les papiers ou effets qu'ils possèdent etc., peuvent permettre de reconnaître leur identité.

Cette erreur a pris naissance dans la loi du 10 vendémiaire an IV, qui prescrit, titre 3, article 6, « d'arrêter, sur-le-champ, tout individu voyageant hors de son canton, sans passeport. » Cette loi, faite pour un temps de troubles et de désordres, n'est guère applicable, aujourd'hui, qu'aux personnes qui, non-seulement, sont dépourvues de passeport, mais se trouvent en état de vagabondage. Si l'on devait rigoureusement requérir l'arrestation de tout individu voyageant, hors de son canton, sans passeport et indépendamment des explications satisfaisantes qu'il peut donner sur son état et son identité, l'on s'exposerait à détenir arbitrairement une foule d'honorables citoyens qui s'éloignent momentanément de leur domicile, pour leurs affaires ou leurs plaisirs, et pour qui leur extérieur ou les papiers dont ils sont porteurs sont une suffisante sauve-garde, ou, enfin, qui sont réclamés par une personne connue et d'une bonne moralité.

Il n'y a pas lieu, non plus, d'arrêter un ouvrier inconnu dépourvu de passeport, lorsqu'il est porteur d'un livret régulier, visé, à une date récente, par les maîtres chez lesquels il a travaillé; on peut considérer cette pièce comme lui tenant lieu de passeport. *Arrêté du 9 frimaire* an XII, article 3.

Ces principes guideront les maires lorsqu'ils auront à statuer sur l'arrestation d'un individu arrêté sans passeport et conduit devant eux par la gendarmerie (*Ord^ce. du 29 octobre* 1820, art. 179, § dernier, 186 et 299) ou leurs gardes champêtres. Voy. § 6, *de l'arrestation des prévenus*, n° 70.

52. *Coups et blessures.* Pour le délit de *coups et blessures volontaires*, il faut rechercher, avec soin, en le constatant:

1° Si l'individu à qui sont imputés les coups et blessures n'aurait pas été *provoqué* à les commettre, par des coups et violences graves de la part du blessé, soit envers le prévenu, soit envers une autre personne dont celui-ci aurait pris la défense. Lorsque la provocation a eu lieu, elle ne fait pas disparaître le délit, mais elle atténue beaucoup la peine encourue. *Code pénal*, art. 321 et 326. — Il y a plus : lorsque les blessures ou les coups ne sont pas très-graves, cette circonstance peut décider le Procureur du Roi à ne pas donner suite à l'affaire et à laisser les plaignants se pourvoir directement devant le tribunal, s'ils le jugent à propos.

2° Si le prévenu était en état de *légitime défense*, c'est-à-dire s'il a été obligé de frapper ou de blesser, pour se garantir d'une attaque violente et dangereuse, dirigée contre sa personne ou celle d'un tiers dont il a pris la défense. Cette circonstance, si elle est bien établie, fait disparaître le délit. *Idem*, art. 328, 329.

Pour la *visite* du blessé, par un médecin, voy. plus haut, n° 33.

53. *Adultère*. — Pour constater ce délit, une visite domiciliaire est presque toujours indispensable. En effet, la loi, ne reconnaissant contre le complice de l'adultère de la femme, d'autres preuves que celles qui résultent du *flagrant délit* ou de *lettres* et autres *pièces* écrites par le prévenu (*Id.* art. 338), le moyen le plus efficace pour arriver à la conviction du délit, est la constatation du flagrant délit lui-même. Ainsi les maires, lorsqu'ils auront un adultère à constater, (voy. pour la plainte préalable, le n° 26) devront se transporter dans la maison où peuvent se trouver les prévenus, d'assez grand matin pour les surprendre ensemble. Ils mentionneront ensuite, avec détails, la position dans laquelle les prévenus auront été trouvés ; le désordre de leurs vêtements, etc. Voy. §. 5, des *visites domiciliaires*, etc.

Il y a aussi, relativement à la constatation de ce délit, une distinction essentielle à faire entre l'Adultère du mari et celui de la femme. Celui du mari n'existe que lorsque ce dernier a entretenu une concubine dans la maison conjugale ; il ne peut donc être constaté que dans ce cas. L'adultère de la femme, au contraire, existe et peut être constaté partout. *Code pénal*, art. 336 à 339.

54. *Faux en écritures ; fausse monnaie, pièces fausses.* Lorsqu'un crime de cette nature est dénoncé ou découvert, la première et la plus indispensable précaution à prendre est de saisir la *pièce fausse* qui constitue ce que l'on nomme le *corps du délit*. S'il s'agit d'une pièce d'écriture (faux billet, fausse quittance, etc.), il faut la faire parapher, par la personne qui la dépose entre les mains du maire, ou par celle en possession de laquelle on la saisit. Le maire la paraphe également. On fait ensuite mention dans le procès-verbal, qui en est dressé, de l'accomplissement de cette formalité.

S'il s'agit d'une pièce *de monnaie* fausse, elle est enfermée dans une enveloppe, scellée du sceau de la mairie, et sur cette enveloppe, sont apposées les signatures dont il vient d'être parlé. V. § 5, n° 65.

55. *Diffamations et injures ; outrages publics*, etc. Lorsque l'on constate les délits de *diffamation* et *d'injures publiques* ou *d'outrage publics*, soit en recueillant les déclarations des témoins, soit en recevant la plainte du fonctionnaire ou du simple particulier qui se prétend diffamé, injurié ou outragé, il est indispensable de rapporter *textuellement* et quelle que puisse être leur grossièreté, les paroles diffamatoires, injurieuses ou outrageantes dont s'est servi le prévenu.

Il ne suffit pas, en effet, de dire simplement, comme je l'ai vu dans nombre de procès-verbaux ou plaintes, que tel fonctionnaire ou tel particulier a été injurié de la manière la plus outrageante ou la plus grossière, etc. D'un côté, ces énonciations ne permettent pas au ministère public d'apprécier la gravité des faits lorsqu'il peut avoir à poursuivre d'office, et, de l'autre, en l'absence de la citation littérale des expressions diffamatoires, etc. il peut ne obéir au vœu de la loi qui lui prescrit, ainsi qu'au plaignant, *d'articuler* et de *qualifier*, dans la citation, les outrages, diffamations, injures, etc. à raison desquelles la poursuite est intentée, et ce, à peine de nullité de la poursuite. *Loi du* 26 *mai* 1819, art. 6.

56. *Attroupements ; Emeutes.* Cette espèce de délit, heureusement fort rare, veut être réprimée avec autant de mesure que de fermeté. — Il importe, d'abord, de ne pas confondre avec l'attroupement proprement dit, la réunion inopinée d'un certain nombre de citoyens, qu'une nouvelle ou un accident aurait attirés fortuitement sur les places ou sur la voie publique. Dans ce cas, il est probable que la réunion se dissipera d'elle-même, et que l'autorité municipale n'aura pas à intervenir. — Mais si l'attroupement a un caractère injurieux ou politique ; s'il est accompagné de clameurs, de vociférations, de menaces ; si, parmi les individus qui le composent, il y en a d'armés ; si le rassemblement, enfin, a pour cause ou pour but le *salaire* des ouvriers ou le *prix des grains*, le maire doit se rendre, en toute hâte, sur les lieux. Là, il se fait assister de la force publique la plus voisine ; il essaie ensuite de dissiper l'attroupement en employant des paroles conciliantes et en adressant aux individus qui le composent d'abord des invitations et ensuite de simples injonctions de se retirer.

Si ces préliminaires ne sont pas suivis d'effet, le maire a recours alors à des sommations régulières ; si l'attroupement ne se disperse pas, ces sommations doivent être renouvelées trois fois, avant qu'il puisse être fait emploi de la force. *Loi du* 10 *avril* 1831, art. 1er.

Les maires et adjoints sont au nombre des magistrats civils qui ont le droit de faire des sommations et de requérir la force publique. *Id. Ibid.* — Dans ce cas ils doivent toujours être décorés d'une écharpe tricolore ; sans cet insigne, les sommations seraient nulles et illégales. *Id. Ibid.*

Chacune d'elles doit être précédée d'un roulement de tambour ou d'un son de trompe. Après que le tambour a battu ou que la trompette a sonné, le maire doit prononcer, à très-haute voix, ces paroles : *Obéissance à la loi ; on va faire usage de la force ; que les bons citoyens se retirent.*—*Id. Ibid. et Loi du* 26 *juillet* — 3 *août* 1791, art. 26.

L'arrestation des personnes qui font partie de l'attroupement peut commencer immédiatement après la première sommation ; à plus forte raison peut-elle être opérée après la seconde et la troisième. Dans tous les cas, il faut mentionner, avec soin, dans le procès-verbal, si tel ou tel individu arrêté, l'a été après la *première*, la *seconde* ou la *troisième* sommation ; parce que, indépendamment de tout autre acte répréhensible, la simple présence, dans un attroupement, est une infraction réprimée par des peines plus ou moins graves, suivant le nombre des sommations qui ont précédé l'arrestation. *Loi du* 10 *avril* 1831, art. 2, 3 et 4.

Si les trois sommations régulièrement faites, sont demeurées inutiles, l'attroupement peut être dispersé par la force des armes. *Id. Ibid.* art. 1er — Le maire, toutefois, ne devra avoir recours à ce moyen, qu'à la dernière extrémité ; c'est-à-dire lorsque l'attroupement aura tout à fait pris le caractère d'une révolte ouverte, de nature à compromettre la sûreté des personnes ou celle des propriétés, dans la commune, et enfin lorsque le maire aura avec lui une force jugée suffisante pour l'emporter sur la Rébellion.

Avant de requérir l'usage des armes, il devra, si les circonstances le permettent, avoir recours à une mesure souvent efficace en pareil cas ; c'est-à-dire ordonner l'arrestation des individus qui paraissent les chefs ou les provocateurs de l'attroupement (*dite Loi*, art. 4).

Les sommations préalables cessent d'être nécessaires: — 1° si des violences ou voies de fait sont exercées par des individus attroupés, contre les dépositaires de la force publique; — 2° si ces derniers ne peuvent défendre que par la force, le terrain qu'ils occupent ou les postes dont ils sont chargés ; c'est alors le cas de légitime défense. *Loi du 26 juillet* 1791, art. 25.

Comme je l'ai dit, plus haut, n° 18, toutes les fois qu'un attroupement présente de la gravité, le maire doit en donner avis, sur le champ et par exprès, au Juge de paix du canton qui en informe ensuite le Procureur du Roi.

57. *Crimes et délits non flagrants.* Il arrive quelquefois que les maires n'acquièrent la connaissance d'un crime ou délit que lorsque le fait a cessé d'être *flagrant*. Cette circonstance ne les dispense pas de s'en occuper. Seulement ils ne peuvent le faire avec les mêmes pouvoirs, et ne sont pas rigoureusement tenus d'y apporter la même diligence. Ainsi, hors le cas de flagrant délit, ils sont privés du droit d'arrestation et de perquisition, mais ils peuvent et doivent recevoir les dénonciations et plaintes, et recueillir les déclarations des témoins, actes, pièces, renseignements etc. (*Code d'inst. crim.* art. 29) relatifs aux délits découverts et en dresser procès-verbal en la forme ordinaire. Ils n'ont pas besoin, pour ces opérations, de se faire assister, comme il est dit au n° 32, de leur Adjoint ou d'un Conseiller municipal etc. Argt, des art. 8 et 9 du *Code d'Inst. crim.*

57 bis. *Contraventions de police. Constatations sur les lieux.* J'ai dit au numéro 32, que dans le cas de crimes et même de délits graves, le transport du maire sur les lieux, était indispensable. Ce soin est encore nécessaire pour la constatation de faits beaucoup moins importants; par exemple de quelques contraventions de police. Les maires, comme je l'ai exposé au numéro 31, peuvent, sans doute, en dresser procès verbal sur le rapport des plaignants ou des témoins. Cependant il est préférable, en général, de constater la contravention sur le lieu même, où elle est encore *flagrante* ou bien où elle a laissé des traces. — Ainsi, lorsqu'il s'agira de *dépôt de matériaux* ou de voitures ou d'*Excavations* sur la voie publique; d'*Anticipations* sur les chemins etc. et d'une foule d'autres contraventions *extérieures*, le maire devra immédiatement se rendre sur les lieux, pour y constater la *nature* et les *circonstances* de la contravention; le *tems* et le *lieu* où elle a été commise; les *preuves* ou *indices* à la charge de ceux qui en sont présumés coupables. *Code d'Inst. crim.* art. 11.

§ V.

DES VISITES DOMICILIAIRES, PERQUISITIONS ET SAISIES.

58. Il est arrivé, assez fréquemment, que des maires m'ont demandé mon autorisation pour faire des visites domiciliaires ou des perquisitions dans le domicile d'individus gravement soupçonnés d'avoir commis un crime ou un délit. J'ai toujours répondu et dû répondre que cette autorisation n'était pas nécessaire; que les maires, en cas de flagrant délit, pouvaient faire des visites domiciliaires comme le Procureur du Roi, lui-même, en vertu des articles 49, 50 et 35 du Code d'inst. criminelle; que lorsque le délit n'était plus flagrant, c'était à M. le juge d'instruction qu'il appartenait (*Id.* art. 87, 88) de prescrire la perquisition, s'il y avait lieu.

Circonspection dans les visites, voy. plus haut, § 4, *du flagrant délit,* n° 35.

59. *Assistants.* Comme je l'ai expliqué, en parlant du *flagrant délit,* (plus haut n°. 32) le maire qui fait une perquisition, doit toujours être accompagné de son adjoint, ou de deux citoyens domiciliés dans la commune; ces personnes doivent être présentes à toute la perquisition, et signer le procès-verbal. *C. Inst. cr.* art. 42.

60. *Temps de jour et de nuit.* Les visites domiciliaires doivent être faites de jour; c'est-à-dire du 1er octobre au 31 mars, de 6 heures du matin à 6 heures du soir; et du 1er avril au 30 septembre, de 4 heures du matin à 9 heures du soir. Ce sont les limites que la loi a assignées au temps de jour et de nuit, à ces deux époques de l'année. *Code de procédure civile,* art. 1037.

Il n'est pas indispensable, pour la légalité de cette

opération, qu'elle ait été faite tout entière de jour ; il suffit que l'on soit entré, dans le domicile d'un citoyen, dans les limites ci-dessus fixées ; la perquisition peut ensuite continuer pendant la nuit et durer, mais sans interruption, tout le temps nécessaire à son achèvement.

Ainsi dans l'immense majorité des cas, les visites domiciliaires, pour être légales, devront être faites ou au moins commencées aux heures ci-dessus indiquées. Il pourra arriver cependant que lors de la constatation d'un crime très-grave, le maire reconnaisse la nécessité de ne pas différer jusqu'au jour une perquisition qui peut amener les résultats les plus importants pour la manifestation de la vérité. Dans ce cas, la perquisition peut encore être faite, mais il est indispensable, pour qu'il n'y ait pas illégalité et même délit de *violation de domicile*, que le prévenu ne s'oppose pas à l'entrée du maire dans son habitation. *Code pénal*, art. 184.

Il n'est pas probable qu'un habitant refuse l'entrée de sa maison au maire de la commune qui déclinerait sa qualité et se présenterait revêtu de ses insignes. C'est, au surplus, à ce fonctionnaire qu'il appartient d'apprécier, suivant l'exigence du cas, la nécessité d'une visite domiciliaire de nuit et la résistance qui pourrait lui-être opposée par le citoyen, objet de la perquisition. Il est bien évident que si un maire présume, d'après sa connaissance des choses et des personnes, qu'il aura à essuyer un refus, il fera sagement de ne pas s'y exposer, et qu'une fois le refus de l'entrée de la maison exprimé, il ne devra jamais passer outre.

Mais, si un maire ne doit pas s'introduire dans le domicile d'un citoyen la nuit, il peut, lorsque l'évasion du prévenu ou l'enlèvement de pièces à conviction est à craindre, faire investir la maison, par la force armée, en attendant le jour. *Ordonnance du* 29 *octobre* 1820, art. 184 et 185. Voy. ci-après le n° 66.

61. *Lieux publics. — Maisons de jeu et de débauche.* — Il est certains lieux où les maires, dans l'exercice de leurs fonctions, peuvent pénétrer la nuit ; ce sont :

1° *Les lieux* où tout le monde est admis indistinctement, tels que cafés, cabarets, boutiques et autres ; les officiers de police peuvent toujours y entrer (tant qu'ils sont ouverts au public), soit pour prendre connaissance des désordres ou contraventions aux règlements, soit pour vérifier les poids et mesures, le titre des matières d'or et d'argent, la salubrité des comestibles et médicaments. *Loi du* 22 *juillet* 1791, titre 1er, art. 9.

2° Les maisons où l'on donne habituellement à *jouer des jeux de hasard* ; les maires peuvent y entrer, en tout temps (le jour et la nuit, à *toute heure*,) mais, seulement, sur la désignation qui leur en aurait été donnée par deux citoyens domiciliés. *Id. ibidem*, art. 10.

3° *Les lieux livrés notoirement à la débauche* ; on peut également y entrer à *toute heure. Id. ibid.*

Ce droit accordé aux officiers publics, et, par conséquent, aux maires, de pénétrer, même la nuit, dans ces différents lieux, est extrêmement essentiel, soit pour constater des contraventions, des délits etc. ; soit, pour découvrir, ou, au moins, surveiller les gens mal famés, dangereux ou sans aveu, qui se réfugient, le plus ordinairement, dans ces sortes de maisons.

62. *Brasseries et Distilleries.* Lorsque ces Etablissements sont en *activité*, les Employés des contributions indirectes peuvent y entrer *pendant la nuit*, pour leurs visites et exercices. *Loi du* 28 *avril* 1816, 2e partie, art. 235. — Il est permis de tirer de cette disposition la conséquence qu'un maire pourra aussi s'introduire, la nuit, dans ces établissements, en cas de crime ou délit *flagrant* ; la répression de ces faits intéressant encore

5

plus l'ordre social que celle d'une simple contravention fiscale.

63. *Accidents graves ; réclamations de l'intérieur d'une maison.* — Si nul ne peut pénétrer dans le domicile d'un citoyen pendant la nuit, sauf les exceptions que je viens d'indiquer, il est non moins évident que les simples particuliers et les officiers de police judiciaire peuvent entrer dans une maison pendant la nuit, en cas *d'Incendie*, *d'inondation* ou de *réclamations* faites de l'intérieur de cette maison. *Lois du* 28 *germinal an* VI, art. 131 ; et *du* 22 *frimaire* an VIII, art. 76 ; *Ordonnance du* 29 *octobre* 1820, art. 184.

Dans ces trois cas, il est, non-seulement, du droit, mais du devoir des maires de faire ouvrir la maison signalée, soit pour arrêter les progrès de l'inondation ou de l'incendie, soit pour porter secours aux victimes du crime ou du délit, et en faire arrêter les auteurs.

Les perquisitions, comme tout autre acte de police judiciaire, peuvent être faites un dimanche ou un jour de fête, ainsi que je l'ai déjà dit plus haut. Voyez n° 7.

64. *Ouverture des portes et meubles.* Si les portes de la maison sont fermées et que le prévenu refuse de les ouvrir, ou qu'il y ait lieu de procéder à la perquisition avant son arrivée, parce qu'il se fait trop attendre, le maire fait ouvrir les portes par un serrurier, auquel il adresse un réquisitoire à cet effet. *Modèles*, n° 6.

Il en est de même pour les meubles, armoires, buffets, coffres, malles, etc. dont l'ouverture est jugée nécessaire. Argt. du *Code de procédure civile*, art. 587.

65. *Description des objets saisis.* — Les objets saisis, *armes*, *instruments*, *papiers*, *effets*, *denrées* etc., paraissant avoir servi à commettre le crime, ou en avoir été le résultat, sont énumérés et décrits, avec soin, dans le procès-verbal ; ils sont ensuite clos et cachetés, si faire se peut ; sinon ils sont mis dans un vase ou dans un sac sur lequel le maire attache une bande de papier, scellée de son sceau. *Code d'inst. crim.* art. 37, 38.

L'enveloppe des objets saisis ou la bande de papier ci-dessus, doit porter cette mention ou tout autre semblable : *Objets saisis chez le s*r. . . . *le* . . . 184..., *aux termes de notre procès-verbal en date du même jour. Le maire.* — Cette mention est ensuite signée de toutes les personnes qui ont assisté à la perquisition. *Idem, ibidem.*

Toutes ces opérations doivent être faites en présence du prévenu ; s'il ne veut ou ne peut y assister, il peut se faire représenter par un fondé de pouvoirs ; s'il s'y refuse, il est fait mention de son refus, et il est passé outre à la perquisition. *Id.* art. 39.

66. *Défense de s'éloigner du lieu visité.* C'est, surtout, lors des visites domiciliaires qu'il peut être utile, pour empêcher que rien d'essentiel ne soit détourné, d'user du droit que la loi donne aux maires en cas de flagrant délit, de défendre à qui que ce soit de sortir de la maison, ou de s'éloigner du lieu objet de la visite. V. § 4, du *flagrant délit*, n° 36.

Il est aussi à propos, lorsque l'habitation visitée a plusieurs issues, de placer un gardien à chaque porte afin d'empêcher le détournement des objets ou la fuite des prévenus.

67. *Transport des objets.* Les objets saisis sont remis pour être déposés au greffe du tribunal, aux Gendarmes chargés de la conduite du prévenu.

S'ils sont d'un trop grand poids ou volume, ils sont confiés à un entrepreneur de diligence, voiturier ou messager, suivant la localité, à qui le maire adresse un réquisitoire. *Décret du* 18 *Juin* 1811, art. 9; *Modèles*, n 8.

Si ces objets consistent en papiers ou effets d'un très-mince volume, on peut les réunir, sous une même enveloppe, avec les procès-verbaux et me les faire parvenir par la voie de la poste. Voy. plus bas, § 20, *de la correspondance en franchise* etc.

Lorsque il y a des animaux saisis, le maire les fait conduire à la *fourrière*. Voy. § 8, *de la mise en fourrière*.

Si les objets sont tellement volumineux, qu'ils ne puissent être transportés, sans de grands frais, le maire les confie à un gardien auquel il fait prêter serment de les représenter à toute réquisition. *Ordonnance du* 29 *octobre* 1820, article 161. — Les femmes ne peuvent être choisies pour gardien de scellés; *Décret du* 18 *Juin* 1811, art. 38; non plus que les gendarmes et autres militaires en activité de service. *Loi du* 11 *pluviôse an* II, art. 2.

68. *Perquisitions des gardes champêtres et forestiers.* Il peut arriver que, pour constater un délit de leur compétence, des gardes champêtres ou forestiers soient obligés de faire des perquisitions à domicile. Voy. pour les devoirs des maires à cet égard, le § 16, des *Rapports des Maires avec les gardes champêtres*, etc., n°. 125.

§ VI.

DE L'ARRESTATION DES PRÉVENUS.

69. Toutes les fois qu'un maire est compétent pour constater, en flagrant délit, un fait qualifié *crime*, par la loi, il a le pouvoir d'ordonner l'arrestation des prévenus présents contre lesquels il existe des indices graves de culpabilité. *Code d'inst. crim.* art. 40, 49 et 50.

Si les prévenus ne sont pas présents, le maire peut rendre une ordonnance à l'effet de les faire comparaître; cette ordonnance s'appelle *Mandat d'amener. Id. ibid.* Modèles, n° 10. Pour l'exécution de ce mandat, voy. § 7, *du droit de requérir la force publique*, n°. 73.

La dénonciation seule ne constitue pas une prévention suffisante pour décerner un mandat d'amener contre un individu ayant domicile. *Même code*, art. 40. Ainsi il faut, pour pouvoir délivrer le mandat, que des indices ou présomptions viennent fortifier la dénonciation et lui donner un certain caractère de vérité.

Utilité et nécessité de l'arrestation dans certains cas. Voy. § 4, *du flagrant délit*, n 38.

Lorsque le fait constaté ne présente que les caractères d'un *délit* correctionnel, il y a, quant à l'arrestation, des distinctions à faire.

Si le délit n'est puni que d'une simple amende, l'arrestation ne doit jamais être ordonnée. *Code d'inst. crim.* art. 131.

Si la peine encourue est l'emprisonnement et que le prévenu soit domicilié dans la commune, ou qu'il justifie d'un domicile ou d'un établissement en France, qui puisse permettre de le retrouver, il ne devra pas, non plus, être arrêté.

Mais si c'est un étranger, un vagabond, un mendiant, un repris de justice, un ouvrier célibataire, domicilié depuis très-peu de temps dans la commune, son arrestation devra toujours être opérée.

Le seul *défaut de papiers* ne suffit pas, en général, pour motiver une arrestation. Voy. plus haut § 4, du *flagrant délit*, n° 51.

Si le fait ne constitue qu'une *contravention* de simple police entraînant même l'emprisonnement, l'arrestation ne devra jamais avoir lieu. *Code d'inst. crim.* art. 129.— J'en excepterai, cependant, *la tenue de jeux de hasard*, en récidive (*Code pénal* art. 478 et 475, n° 5), qui constitue un véritable délit correctionnel, punissable d'emprisonnement. Les auteurs en devront être arrêtés, à moins qu'ils ne justifient d'un domicile certain.

Toutefois, lorsque la contravention a été commise par un voyageur ou un passant, il est à propos de s'assurer de ses noms, prénoms, âge, profession, domicile etc., avant de le laisser continuer sa route.

70. *Interrogatoire du prévenu.* Aussitôt que le prévenu paraît devant lui, le maire procède à son interrogatoire, hors la présence des témoins. *Code d'inst. crim.* art. 40. Il consigne ses réponses à la suite de son procès-verbal ; le prévenu les signe, s'il sait ou veut signer ; si non il est fait mention de son ignorance ou de son refus. Modèle d'interrogatoire, *mod.* n° 1er.

Cet individu, à moins qu'il ne se justifie complétement des imputations qui lui sont faites, est ensuite mis à la disposition du Procureur du Roi pour que ce magistrat puisse statuer sur son emprisonnement ou sa mise en liberté. *Modèles*, n° 11.

Lorsque l'individu arrêté et conduit devant le maire n'est inculpé que d'un simple délit, par exemple de vagabondage, qui peut être suffisamment constaté par le procès-verbal de la gendarmerie ou des gardes champêtres ou forestiers qui ont opéré l'arrestation, il n'est pas indispensable de verbaliser de son interrogatoire. Après lui avoir adressé les questions nécessaires pour reconnaître si l'arrestation doit être ou non maintenue (*Ordonnance du* 29 *octobre* 1820, article 186), il suffit de délivrer un réquisitoire motivé en vertu duquel l'inculpé est ensuite conduit devant le Procureur du Roi. *Modèles*, n°. 11.

71. *Fouille du prévenu.* La première précaution à prendre lorsque l'arrestation d'un inculpé a été opérée, c'est de procéder, sur sa personne, à une fouille exacte : ce droit résulte des articles 41 et 100 du code d'Instruction criminelle.

Lorsqu'il s'agit d'un délit de quelque gravité, cette précaution est indispensable pour empêcher que l'inculpé ne jette ou détruise rien de suspect. Il faut toujours la prendre en cas de vols ou filouteries et de crimes capitaux.

Si la personne arrêtée est une femme, on la fait fouiller par une personne de son sexe.

Les objets trouvés sur le prévenu et pouvant servir à conviction, sont ensuite saisis et décrits, comme il est dit au § 5 des *visites domiciliaires*, etc. n°. 65.

Si ses vêtements doivent, eux-mêmes, servir à conviction, à cause des taches de sang ou des autres marques qu'ils portent, la saisie en est également opérée, après les avoir fait remplacer par un frippier ou tout autre personne. Ces nouveaux vêtements sont ensuite estimés par le maire, pour que la valeur en soit payée au fournisseur comme frais de justice.

72. *Transport du prévenu.* Si l'inculpé arrêté est

malade ou ne peut faire la route à pied, le maire requiert le Préposé du service des convois militaires ou, en cas d'éloignement du Préposé, un voiturier de la commune, de le transporter jusqu'à la maison d'Arrêt de l'arrondissement. *Modèles* n° 8. Il faut, avant le départ de l'inculpé, le faire visiter par un médecin, dont le certificat, constatant son état de maladie, est joint au réquisitoire du voiturier, lors de la taxe du salaire de ce dernier. *Idem*, n° 9.

Il arrive assez souvent que des prévenus ou condamnés qui traversent une commune, sous l'escorte de la gendarmerie, se trouvent dans l'impossibilité de continuer leur route à pied. C'est au maire à leur procurer des moyens de transport, sur le certificat de visite du médecin. Dans ce cas, comme dans le précédent, on emploie le *modèle* n° 8, qui est celui annexé à la circulaire de M. le garde des sceaux, du 16 janvier 1839.

§. VII.

DU DROIT DE REQUÉRIR LA FORCE PUBLIQUE.

73. Comme officiers de police judiciaire, les maires, agissant en cas de crimes ou délits flagrants, ont le droit de requérir directement la force publique. *Code d'Inst. Crim.* art. 25 ; *Ordonnance du* 29 *octobre* 1820, art. 54.

Lorsque ces réquisitions ont pour objet l'arrestation ou la conduite d'un prévenu, elles sont ordinairement adressées à la brigade de gendarmerie la plus voisine. *Id.* art. 53. Il en est de même pour les mandats d'amener décernés en cas de flagrant délit. V. § 6, *de l'arrestation des prévenus*, n°. 69. En cas d'insuffisance de la gendarmerie, ou d'urgence absolue, le maire requiert le commandant de la Garde nationale de la commune, de réunir des gardes nationaux dont il lui fixe le nombre suivant le service à faire. *Loi du* 22 *mars* 1831, art. 6, 93, 127 à 129.

Les Gardes champêtres et forestiers peuvent aussi être employés à une arrestation en cas d'urgence. Le maire les fait, au besoin, soutenir par quelques gardes nationaux. *Code d'Inst. crim.* art. 16. — V. § 16, *des Rapports des maires avec les gardes*, n°. 126.

Ces réquisitions énoncent le motif en vertu duquel elles sont adressées ; elles sont faites par écrit, datées et signées. *Dite Ordonnance*, art. 56 et 58; *dite Loi*, art. 7.

Elles ne doivent contenir aucun terme impératif, tels que *ordonnons*, *voulons*, *enjoignons*, *mandons*, etc. *Dite Ordonnance*, art. 52; *Modèles* n°. 10, 11, 12.

74. *Refus d'obtempérer.* Si le commandant de la Gendarmerie ou celui de la Garde nationale venait à refuser d'exécuter les réquisitions ci-dessus, il en serait dressé un procès-verbal qui me serait immédiatement envoyé, afin que je pusse faire appliquer au refusant, s'il y avait lieu, les peines prononcées par les articles 93 de la loi du 22 mars 1831 et 234 du Code pénal.

§ VIII.

DE LA MISE EN FOURRIÈRE.

75. Lorsque, par suite d'un délit ou d'un accident, des bestiaux, des animaux de charge ou de monture ont été saisis ou abandonnés, ils doivent être mis en Fourrière jusqu'à ce que le propriétaire se présente pour les réclamer. *Décret du* 18 *Juin* 1811, art, 39 et 40 ; *Modèles*, n°. 14.

Avis m'est ensuite donné de la mise en fourrière avec le signalement des animaux qui s'y trouvent placés, afin que je puisse faire publier ce signalement et requérir, s'il en est besoin, la vente des bestiaux non réclamés après le délai fixé par la loi. *Même Décret*, art. 40; *code Forestier*, art. 168 et 169.

76. A la rigueur, cette vente pourrait être provoquée par le maire, lorsqu'il agit comme officier de police auxiliaire, le juge de paix du canton ayant le droit de l'ordonner (*Id. ibid.*) ; cependant, je préfère examiner, moi-même, s'il y a lieu de requérir, soit auprès de ce magistrat, soit auprès de M. le juge d'instruction, cette mesure rigoureuse qui peut avoir pour résultat de priver de sa propriété, une personne à qui l'on n'aura, peut-être, à reprocher que de la négligence.

C'est au maire à désigner, pour sa commune, le lieu qui doit servir de fourrière. *Code Rural*, tit. II, art. 12. *modèles* n° 13.

Il est d'usage d'indiquer un aubergiste pour son gardien habituel ; mais le maire peut choisir un simple habitant. Le gardien de la fourrière est payé sur son mémoire que le maire m'envoie avec ses observations sur la somme réclamée.

§ IX.

DE QUELQUES ACCIDENTS GRAVES :

Morts accidentelles, Suicides, Incendies accidentels.

77. Quoique les officiers de police judiciaire, ne doivent, à la rigueur, s'occuper que d'infractions punissables, leur ministère peut, néanmoins, s'appliquer à des faits qui ne constituent ni crime, ni délit, ni contravention, mais dont l'extrême gravité commande d'instruire le ministère public.

Il pourrait arriver, en effet, que ces événements qui, au premier abord, ne présenteraient que les caractères d'un simple accident, fussent, cependant, le résultat d'un acte criminel. Dans ce cas, si le Procureur du Roi n'en avait pas eu immédiatement connaissance, il pourrait lui être, plus tard, bien difficile d'en retrouver les traces et d'en faire punir les auteurs.

Il est donc indispensable, lorsqu'un événement de cette nature arrive dans une commune, que le maire le constate et m'en informe comme s'il s'agissait d'un crime ou d'un délit véritable. On pressent que je veux, surtout, parler ici des *morts accidentelles*, des *suicides* et des *incendies accidentels*.

78. *Morts accidentelles.* Lorsqu'une mort violente quelconque a eu lieu, le premier soin du maire doit être, bien entendu, de s'assurer si elle ne doit point être attribuée à un crime ; si quelques doutes s'élevaient dans son esprit, à cet égard, il se conformerait aux instructions du § 3, *des Avis à donner au Procureur du Roi*, nos 19 et suivants.

Cet examen préliminaire demande, dans certains cas, une grande attention pour éviter de confondre un Suicide ou une Mort accidentelle avec un Meurtre ou un Assassinat. — On a vu des assassins, pour faire prendre le change à la justice, simuler habilement un accident ou un suicide ; soit en suspendant à une corde le cadavre de leur victime, homicidée par strangulation ; soit en disposant une partie de ses vêtements au bord d'une mare ou d'un puits, où ils l'auraient, d'abord, précipitée ; soit en plaçant à portée de ses mains, l'arme à feu qui avait servi à lui donner la mort ; soit même en incendiant la maison où le meurtre avait été commis, pour faire croire à une asphyxie, etc. — Ces circonstances difficiles sont, heureusement, très-rares ; toutefois je les mentionne ici, à titre d'exemple, et pour montrer que l'examen du cadavre d'un homme qui a succombé à une mort violente, ne doit jamais être fait avec précipitation. En général, les causes d'une mort violente sont très-faciles à reconnaître et ne laissent pas de doute sur le genre et la cause du décès ; mais, enfin, il peut s'élever des soupçons dans l'esprit du maire, et si, après en avoir conféré avec le médecin, et avoir recueilli des renseignements auprès des voisins, des parents, etc., ces soupçons ne se dissipent pas, il faut, comme je l'ai dit, en donner avis à l'autorité supérieure et laisser toutes choses dans leur premier état. Mieux vaut, dans ce cas, pécher par excès, que par défaut de précautions.

Lorsque le maire s'est convaincu que la mort n'est point le résultat d'un crime, et n'est que la suite d'un accident ou d'un *Suicide* (voy. n° 79), il en dresse procès-verbal sur-le-champ. Il consigne dans cet acte, les déclarations des principaux témoins sur les causes de l'événement ; il y fait connaître la disposition des lieux ; il y résume l'opinion du médecin par lui requis (*modèles*, n° 15) pour examiner le cadavre, en faire, au besoin, l'autopsie et s'expliquer, dans tous les cas, sur son état et sur les causes présumées de la mort. — Avant de charger cet homme de l'art de ces opérations, le maire lui fait prêter serment de « faire son rapport et de donner son avis en son honneur et conscience. » *Code d'inst. crim.* art. 44. Mention de cette formalité est faite dans le procès-verbal, auquel le rapport écrit du médecin est ensuite annexé.

Ces détails sur les morts accidentelles sont indispensables; s'ils étaient négligés, le Procureur du Roi ne pourrait reconnaître clairement si ces événements doivent être attribués à un pur accident, ou bien à la *négligence*, à *l'imprudence*, à la *maladresse* de quelqu'un; circonstances qui constituent le délit prévu par le Code pénal, art. 319.

Inconnus. Voy. plus loin, le n° 80.

Ouvriers à requérir. Souvent le cadavre à examiner se trouve dans une position qui nécessite l'assistance de quelques ouvriers; par exemple pour l'extraire d'une rivière, d'un puits, d'une carrière, etc., et le transporter dans un local où l'autopsie puisse être faite commodément. Voy. sur ce point, le § 4, *du flagrant délit*, n° 41.

Autopsie, local. Lorsque la mairie est trop éloignée, et, surtout, quand il s'agit du cadavre d'un inconnu, on éprouve quelquefois de la difficulté à trouver une maison pour y faire l'autopsie. Cette répugnance des habitants à recevoir, chez eux, un cadavre assez ordinairement en état de putréfaction, toute naturelle qu'elle soit, doit être vaincue. L'autopsie est une opération importante et délicate qui ne peut être faite au milieu d'un champ et en plein air. Quoique, à cet égard, le maire ne doive pas se montrer difficile, ce n'est pas trop exiger que de réclamer un cellier, un hangar, une cave ou tout autre semblable local, dans le voisinage de l'endroit où le cadavre a été découvert. Il est indispensable que les hommes de l'art soient à l'abri et puissent être protégés contre la foule des curieux. Si le propriétaire ou le locataire du bâtiment en question, s'obstinait à en refuser l'entrée, le maire, après l'avoir formellement requis d'en faire l'ouverture, lui déclarerait procès-verbal, suivant ce qui a été dit plus haut, § 4, n° 41. *Modèles*, n° 4.

79. *Suicides.* En cas de *suicide*, il faut, après avoir constaté que la mort du défunt ne peut être attribuée qu'à l'effet de sa propre volonté, recueillir quelques renseignements sur les causes qui ont déterminé sa résolution; par exemple: l'aliénation mentale, la misère, des chagrins violents, l'ivresse, etc.

Je désire encore, dans le même cas, être informé des noms, prénoms, âge, profession, domicile du défunt; ce sont des détails que je dois transmettre à M. le Garde des sceaux, dans le compte annuel que je lui rends de ces accidents.

80. *Cadavres inconnus.* — Si le cadavre n'est pas reconnu, il est nécessaire (et cette observation concerne également *les morts accidentelles*) de consigner, dans le procès-verbal, le signalement détaillé du corps; l'âge présumé du défunt et la description des vêtements dont il était couvert et des bijoux, effets, papiers, etc. dont il a été trouvé porteur. Ces objets, qui peuvent servir à le faire reconnaître, me sont envoyés avec le procès-verbal.

Lorsque le cadavre est reconnu, le maire, les opérations ci-dessus terminées, le remet à sa famille qui se charge de le faire inhumer (pour les corps non réclamés, voy. le n° 81). *Code civil*, art. 81. Dans l'acte de décès qui en est dressé, il ne doit pas être fait mention du genre de mort du défunt. *Idem*, art. 85.

S'il s'agit d'un inconnu, ce signalement et les autres renseignements dont il a été question ci-dessus, sont mentionnés dans l'acte de décès, à la place des noms et prénoms, pour servir, plus tard, s'il y a lieu, à constater l'identité de l'individu décédé.

Pour les individus étrangers à la commune, mais dont le domicile est connu, le maire m'envoie une expédition de l'acte de décès, que je fais ensuite parvenir à l'officier de l'état civil du domicile du défunt. *Id.* art. 82. *Modèle de procès-verbal;* n° 16.

81. Les frais d'inhumation des cadavres non réclamés par les familles sont à la charge de la commune où ils sont trouvés, soit sur la voie publique, soit ailleurs, et sauf le recours de la commune contre les héritiers. *Décret du* 18 *juin* 1811, art. 3, n° 4.

82. *Scellés.* Si les héritiers du défunt sont mineurs ou absents ou si le défunt était dépositaire public, le maire informe du décès, le juge de paix, afin que les scellés soient apposés par ce magistrat, où besoin sera. *Code de procédure civile*, art. 911.

83. *Préjugé à détruire.* Il y a, à propos des morts violentes, une dernière observation que je ne dois pas omettre, quoiqu'elle concerne bien moins la police judiciaire que l'Administration proprement dite; je veux parler du préjugé, encore trop répandu dans les campagnes, d'après lequel on s'abstient ordinairement de toucher, avant l'arrivée de la justice, à un individu qui vient de succomber à une mort violente et qu'il serait possible, peut-être, de rappeler à la vie avec de prompt secours. Le premier devoir de tout homme un peu humain, dans ce cas, est de secourir le malheureux qui se meurt et tant que tout espoir de le sauver n'est pas entièrement perdu. C'est donc au médecin qu'il faut courir, d'abord, plutôt qu'au maire, si l'on ne peut les avertir tous les deux à la fois. — MM. les maires, plus rapprochés que moi de leurs administrés, contribueront puissamment, par leurs discours, à dissiper dans leur commune ce préjugé barbare; je compte sur leur concours à cet égard.

84. *Incendies accidentels.* — Lorsqu'il est reconnu (Voy. plus haut, § 3, n° 22) qu'un incendie n'est pas le résultat de la malveillance et qu'il ne peut être attribué qu'à la négligence ou bien à un simple accident, le maire n'en dresse pas moins un procès-verbal.

D'abord, parce que cet événement, s'il a été causé par quelque négligence, est un délit punissable d'amende, aux termes de l'article 458 du Code pénal.

Ensuite parce que l'extrême gravité de ces événements veut que le ministère public en soit toujours informé, pour pouvoir se livrer, s'il y a lieu, à de nouvelles vérifications et reconnaître, en définitive, si l'autorité municipale ne se serait pas méprise sur le caractère de l'incendie, en ne le considérant que comme un simple accident.

Indépendamment du procès-verbal qui m'est envoyé, MM. les maires adressent à M. le Préfet un rapport sur l'incendie, le montant des pertes de chaque individu qui en a été atteint, les secours dont il peut avoir besoin, etc. Ces détails sont demandés, entre autres, par la Circulaire du 27 mars 1838, *Recueil*, page 65 et suivantes, qui prescrit, en outre, de rendre compte au Préfet de tous les accidents imprévus qui surviennent dans les communes.

§ X.

DE LA RÉDACTION DES PROCÈS-VERBAUX.

85. La loi n'a point tracé de formules pour la rédaction des procès-verbaux; mais elle a établi des principes auxquels il est essentiel de se conformer pour que foi soit ajoutée au contenu de ces actes.

86. *Écriture.* — Il n'est pas nécessaire que les procès-verbaux d'un maire soient écrits de la main même de ce fonctionnaire; il peut employer, soit le secrétaire de la commune, soit toute autre personne, pour les écrire sous sa dictée. Lorsque MM. les maires auront à rédiger un procès-verbal destiné à constater des opérations de quelque étendue, par exemple, un *État des lieux* (§ 4, n° 34) une *Visite domiciliaire* et la saisie d'un certain nombre d'objets (§ 5, n° 58 à 65), ils feront bien, si le temps le leur permet, de rédiger un projet de procès-verbal qui sera ensuite mis au net par leur scribe; avec cette précaution, leur acte sera plus clair, plus méthodique et plus complet.

87. *Surcharges, Grattages, Blancs, Interlignes, Ratures, Renvois.* — Aucun mot ne doit être surchargé, encore moins gratté; il ne doit être laissé aucun *blanc* dans le procès-verbal et on n'y doit rien écrire, non plus, hors lignes ou en interlignes: *Code d'Inst. crim.*, art. 78. — Pour les *ratures*, elles doivent être approuvées à la fin ou en marge de l'acte, de cette manière: *approuvé la rature de.... mots nuls.* Cette mention est ensuite signée comme le procès-verbal lui-même, ou au moins paraphée par toutes les personnes présentes.

Les *renvois* sont placés en marge et vis-à-vis de l'endroit du procès-verbal où il a été commis une omission; ils doivent être signés ou, au moins, paraphés comme l'approbation des mots rayés nuls.

88. *Lecture.* Il est bien entendu que, toutes les fois qu'il est question, dans un procès-verbal, d'une ou de plusieurs personnes dont le maire a reçu la déclaration ou a été assisté, lecture doit leur être donnée, avant de signer, de la partie du procès-verbal qui les concerne, et que mention de cette formalité doit être faite à la fin de l'acte. Arg. du code *d'Inst. crim.* art. 76.

89. *Signature.* — Les procès-verbaux doivent être signés, non-seulement du fonctionnaire qui les a rédigés, mais de toutes les personnes dont il est parlé dans cet acte: témoins, prévenus, gardes champêtres, gendarmes, etc. — Pour ceux qui ne savent ou ne veulent signer, il est fait mention de leur ignorance ou de leur refus. *Id. Ibid.*

90. *Date.* — Ils doivent toujours être datés du jour de la constatation des faits; il est même à propos d'y indiquer aussi l'heure; cette énonciation est nécessaire dans plusieurs circonstances, et utile dans une foule d'autres.

91. *Affirmation.* — Les procès-verbaux des maires et adjoints ne sont pas soumis à la formalité de l'affirmation. Arg. des art. 11, 15 et 18 du *code d'Inst. crimin.* Pour les procès-verbaux des gardes champêtres et forestiers, Voy. § 16, des *rapports des maires avec les gardes*, etc., n°s 119 à 122.

92. *Timbre, Enregistrement.* — Ils peuvent toujours être rédigés sur papier libre. (*Loi du 13 Brumaire an*

VII, art. 16, 1°). Ils sont aussi dispensés de l'enregistrement (*Loi du 22 frimaire an VII*, art. 70, § 3, 9°), à l'exception de ceux qui constatent des contraventions de simple police (*décision* de M. le Garde des Sceaux du 24 septembre 1823); de ceux qui sont rédigés à la requête et dans l'intérêt d'un simple particulier (*ibidem*); de ceux qui constatent un délit forestier (*code Forestier*, art. 170), de pêche fluviale (*Loi du* 15 *avril* 1829, art. 47) ou de Grande voirie.

Dans ces derniers cas, les procès-verbaux sont envoyés, dans le délai de 4 jours, au receveur de l'Enregistrement, le plus voisin, qui les vise pour timbre, et les enregistre en débet. *Loi du* 22 *frimaire* an VII, art. 20 et 70, § 1er.

93. *Rédaction proprement dite.* Le premier mérite de la rédaction d'un procès-verbal, c'est la clarté. — Une des précautions les plus simples et les plus essentielles à prendre pour y parvenir, c'est de toujours faire parler les plaignants, les témoins et les prévenus à la première personne, et de leur faire dire, par exemple : *j'ai vu* ou *j'ai entendu* ou *j'étais* etc.

Lorsque c'est le maire, lui-même, qui s'explique sur un délit ou une circonstance dont il a été témoin ou qu'il a constaté en personne, il doit s'expliquer de la même manière et dire, *j'étais*, *j'ai vu*, *j'ai constaté* etc.

Si, au contraire, on fait parler les déclarants à la troisième personne et que l'on rédige de cette manière : Devant nous, etc. — *Est comparu le sieur.... lequel nous a déclaré que.... il a vu.....* ou *il lui est arrivé* etc. il en résulte une confusion presque inévitable. En effet, que le déclarant vienne à rapporter les paroles d'un autre individu, on ne sait bientôt plus de quelle personne il est question, si c'est du déclarant ou du tiers dont le premier rapporte les propos.

Un autre soin non moins essentiel, consiste à reproduire, le plus possible, les paroles mêmes du témoin ou du prévenu, malgré leur incorrection ou leur trivialité. On n'a pas à craindre, avec cette précaution, d'affaiblir ses expressions ou de dénaturer sa pensée. Il ne faut, en général, s'écarter de cette règle que lorsque les termes employés manquent tout à fait de convenance ; alors seulement, on les remplace par des *équivalents*.

94. *Laconisme, Prolixité.* Les procès-verbaux doivent, en général, être concis ; il faut y éviter les longueurs et les inutilités ; cependant, il faut prendre garde à ne pas tomber dans l'excès contraire, et à ne pas rédiger ces actes avec une telle brièveté que des circonstances ou renseignements essentiels ne puissent y avoir place. A cet égard, si j'avais le choix entre la prolixité et le laconisme, je préférerais encore un procès-verbal trop étendu à un autre qui ne le serait pas assez, par la raison que je puis négliger les détails superflus consignés dans ces actes, mais que je ne puis suppléer les détails nécessaires qui ne s'y trouvent pas.

Dans l'impossibilité de prévoir les faits que MM. les maires auront à constater, je ne puis indiquer ici la plus petite partie des circonstances qu'ils doivent consigner dans leurs procès-verbaux. Je me contenterai d'appeler leur attention sur quelques généralités.

95. *Noms, prénoms*, etc. 1° Il faut toujours mentionner exactement les noms, prénoms, âge, profession et demeure de toutes les personnes dont il est question dans un procès-verbal ; ces renseignements sont nécessaires pour pouvoir appeler plus tard ces individus, soit devant M. le juge d'Instruction, soit devant le Tribunal.

96. *Réponses du prévenu.* — Voy. § 6, *de l'arrestation des prévenus*, n° 70.

Age. Comme pour les témoins, il faut mentionner l'âge des prévenus le plus exactement possible, parce que la compétence des tribunaux et même la peine encourue changent suivant que le prévenu est plus ou moins âgé et que, lorsqu'il a moins de 16 ans, il faut examiner s'il a agi avec ou sans discernement. *Code pénal*, art. 66 à 72.

D'autres indications utiles à suivre pour la rédaction d'un procès-verbal se trouvent déjà dans les § 4, 5, 6 du *Flagrant délit*, *des Visites domiciliaires*, de *l'Arrestation*, etc.

97. *Poids et mesures. — Nouvelles dénominations.* Conformément à la loi du 4 juillet 1837, il faut éviter, avec soin, d'employer, dans les procès-verbaux, toutes dénominations de poids et mesures autres que celles portées dans le Tableau annexé à cette loi et établies par celle du 18 germinal an III. Voy. le § 16, *des Rapports des Maires avec les vérificateurs des poids et mesures* n^os **132 à 136.**

§ XI.

RÉCEPTION DES DÉNONCIATIONS ET PLAINTES.

98. *La Dénonciation* est la déclaration faite par un individu d'un délit dont il n'a point eu à souffrir personnellement, mais dont il a été témoin. *Code d'inst. crim.* articles 30 et 31.

La *Plainte* est la déclaration de l'individu qui a souffert du délit dans sa personne ou sa propriété. *Idem*, art. 63.

Les maires, comme officiers de police auxiliaires, peuvent et doivent recevoir les Dénonciations et les Plaintes (*code d'Inst. crim.* art. 53 et 64), lors même qu'elles concerneraient des crimes ou délits autres que ceux qu'ils sont directement chargés de constater. (*Idem*, art. 54), et que les faits auraient cessé, depuis longtemps, d'être flagrants.

Les dénonciations et plaintes sont rédigées par les dénonciateurs et les plaignants ou par leurs fondés de procuration spéciale, ou par le maire, s'il en est requis. Elles sont signées par ce fonctionnaire et les dénonciateurs ou plaignants, ou leurs fondés de pouvoirs, à chaque feuillet. *Idem*, art. 31 et 65.

La procuration demeurera toujours annexée à la dénonciation ou à la plainte. *Id. Ibidem.*

Le dénonciateur et le plaignant peuvent se faire délivrer, à leurs frais, une copie de leur dénonciation ou plainte. *Ibid.*

Si les plaignants déclarent formellement au maire vouloir se porter parties civiles, il en est fait mention dans la plainte. *Idem*, art. 66, *Modéles* n° 17.

99. L'obligation que la loi impose aux maires de

recevoir les dénonciations et plaintes est impérative, et, à moins qu'il ne soit très-évident que le fait qu'on leur dénonce ou dont on se plaint, ne constitue ni un crime, ni un délit, ni une contravention, ils doivent déférer à la réquisition qui leur est faite. Ils ne peuvent s'en dispenser, sous peine de commettre un véritable déni de justice, lors même qu'on ne leur présente ni preuves, ni témoins du fait dénoncé ; que ses auteurs sont totalement inconnus, ou que le délit ne leur paraît pas d'une gravité suffisante pour être poursuivi.

100. Lorsque une dénonciation ou une plainte est remise au maire, toute rédigée, il est à propos et indépendamment de l'apposition des signatures prescrites (no 98), au bas de chaque feuillet, de verbaliser, à la suite même de cette pièce, de la date de son dépôt. *Modèles*, no 18. — Cette précaution a plus d'un but d'utilité. La dénonciation pourrait porter une date ancienne, et le maire qui l'aurait reçue paraîtrait, malgré sa diligence à en faire l'envoi au magistrat compétent, avoir manqué d'exactitude. D'un autre côté, le plaignant, qui s'est constitué partie civile, peut (*Code d'inst. crim.*, art. 66) se départir dans le délai de 24 heures; il faut donc connaître la date du dépôt de la plainte, pour pouvoir apprécier si le désistement a été donné en temps utile.

§ XII.

ENVOI DES PROCÈS-VERBAUX, DÉNONCIATIONS ET PLAINTES.

101. La nature des délits constatés dans les procès-verbaux, détermine les autorités auxquelles ces actes doivent être adressés.

Ainsi, les procès-verbaux constatant des *contraventions* de police Municipale (*Code pénal*, art. 471, 475 et 479), Rurale (*code Rural*, titre 2), ou Forestière (*code Forestier*), doivent être adressés dans les trois jours, au plus tard, y compris celui du procès-verbal, au Maire de la commune chef-lieu de canton ou au Commissaire de police, s'il y en a un dans la commune. *Code d'Inst. crim.* art. 15.

102. Les procès-verbaux constatant des faits qualifiés crimes ou délits, quels qu'ils soient, sont adressés, *sans délai*, au Procureur du Roi de l'arrondissement. *Code d'Inst. crim.*, art. 29, 45, 53, 54.

103. Les procès-verbaux constatant des délits dits de *grande voirie* (*Loi du* 29 *floréal* an X; plus haut, nº. 16, 14'), des contraventions à la police du *Roulage* (voy. nº 16, 18'), sont adressés à M. le Préfet, qui en saisit, s'il y a lieu, le Conseil de préfecture. *Lois du* 28 *pluviôse* an VIII, art. 4; et du 29 *floréal an* X; *Décret du* 16 *septembre* 1811, art. 108.

104. Les contraventions de *petite voirie* (par exemple celles qui concernent les chemins vicinaux), sont du ressort de la simple police. Certaines contraventions, de *grande voirie*, comme les encombrements ou dépôts de matériaux, etc., lorsqu'elles ont lieu dans l'intérieur d'un bourg ou village, qui est en même temps grande route, sont, à la fois de la compétence du tribunal de simple police et de celle du Conseil de Préfecture. Ainsi, les procès-verbaux qui constatent ces contraventions peuvent indifféremment être adressés à M. le Préfet ou au maire du chef-lieu de canton.

104. *bis.* Si le même procès-verbal constate, à la fois, un crime ou délit et une contravention de police, c'est au Procureur du Roi, chargé de poursuivre le fait le plus grave, que cet acte doit être adressé.

105. Lorsque les maires conçoivent quelques doutes sur l'autorité à laquelle ils doivent adresser leurs procès-verbaux ou ceux de leurs gardes champêtres, c'est toujours au Procureur du Roi qu'ils doivent les envoyer; ce magistrat les transmet ensuite à qui de droit.

106. *Diligence dans l'envoi.* Je ne saurais recommander trop de diligence à ces fonctionnaires, lorsque les faits constatés sont graves ou que les prévenus sont en état d'arrestation, et lorsque les procès-verbaux constatent des délits de *chasse*, *ruraux*, ou de *pêche*, etc.

Dans le premier cas, il faut que le procureur du Roi puisse, le plutôt possible, prendre un parti sur l'affaire ou décider si l'arrestation de l'inculpé doit être ou non maintenue.

Dans le second, ces délits se prescrivant par le délai d'un mois (*Loi du* 30 *avril* 1790, art. 12; *code Rural*, tit. 1er, section 7, art. 8; *Loi du* 15 *avril* 1829, art. 62), le Procureur du Roi ne pourrait plus, s'il y avait du retard dans l'envoi, prendre des renseignements pour compléter le procès-verbal, si cela était nécessaire, ou même poursuivre les inculpés en temps utile.

Suppression illégale des procès-verbaux, etc., voyez, plus bas, le § 14 *des Transactions*, etc.

107. *Envoi en minute.* Les procès-verbaux doivent

toujours être envoyés en *Minute* ou *Original*. — *Décret du 18 Juin* 1811, art. 59. Dans quelques communes, le maire tient un registre sur lequel les procès-verbaux sont rédigés et signés et dont on envoie ensuite une copie à qui de droit. Cette précaution est bonne pour conserver ces actes et les renseignements qu'ils contiennent, mais c'est la marche contraire qu'il faut suivre. Le registre ne doit porter que la copie des procès-verbaux dressés; les originaux en sont envoyés aux fonctionnaires compétents.

108. Les *Dénonciations* et les *Plaintes* sont, comme les procès-verbaux, envoyés par les maires aux magistrats compétents, dans les délais et suivant les distinctions qui précèdent, selon qu'elles ont pour objet des contraventions, des crimes ou délits, etc.

§ XIII.

FONCTIONS DES MAIRES COMME DÉLÉGUÉS DU PROCUREUR DU ROI OU DU JUGE D'INSTRUCTION.

109 Lorsque le Procureur du Roi exerce son ministère en cas de flagrant délit, il peut, s'il le juge utile, charger des officiers de police auxiliaires, c'est-à-dire, entre autres, les Maires et Adjoints, de partie des actes de sa compétence. *Code d'inst. crim.* art. 52, 48 et 49.

Il peut encore, s'il ne veut pas continuer, lui-même, l'information commencée par un maire, autoriser ce fonctionnaire à la suivre. *Id.* art. 51 : Modèles n° 19.

En cas de délégation, le maire ou l'adjoint délégué procède avec les pouvoirs conférés au Procureur du Roi pour les actes spécifiés dans la délégation.

En cas d'autorisation, il opère comme si le Procureur du Roi ne fût pas intervenu, à moins, toutefois, que ce magistrat, en l'autorisant à continuer l'information, ne lui ait donné des instructions particulières, auxquelles le maire devra se conformer.

Je n'ai pas à détailler ici la manière de procéder des maires en cas de délégation ou d'autorisation : les opérations à faire leur étant toujours indiquées par le magistrat qui les commet, ils n'ont qu'à suivre, de point en point, les instructions contenues dans la délégation ; seulement ils doivent faire mention, en tête du procès-verbal qu'ils dressent en conséquence, de la date et des objets de la délégation et de la qualité du magistrat qui l'a décernée. *Modèles*, n° 20.

110. Il peut arriver aussi que les maires et adjoints reçoivent une commission du juge d'Instruction à l'effet de procéder à des opérations que ce magistrat ne jugerait pas à propos de faire lui-même, telles que une Visite domiciliaire, un Etat des lieux etc. *Argt.* des art. 90, 84, 59 et 52 du *Code d'inst. criminelle*, combinés.

Dans ce cas, comme dans celui de la délégation du Procureur du Roi, le maire n'a, non plus, qu'à se conformer exactement aux termes de la commission.

Toutefois, ces actes s'expliquant, la plupart du temps sur les *opérations* à faire, plutôt que sur les *formes* à observer, les maires, pour la régularité de leur procédure, devront se reporter à la partie de la présente instruction relative à l'opération qui leur est confiée. S'il s'agit d'une Perquisition ils se conformeront à ce qui est dit au § 5, *des visites domiciliaires* ; s'ils ont à dresser un Etat des lieux ils consulteront le § 4 *du flagrant délit*, n° 34.

§ XIV.

ARRANGEMENTS ET TRANSACTIONS ENTRE PARTIES ; SUPPRESSION ILLÉGALE DES PROCÈS-VERBAUX OU PLAINTES.

111. J'ai dit au § 3, des *avis à donner au Procureur du Roi*, n° 27, que le retrait de la plainte, le désistement d'une partie lésée, ne dispensaient pas les maires de constater les délits qui leur avaient été dénoncés.

Une des conséquences de ce principe, c'est que ces fonctionnaires, hors le petit nombre d'exceptions que j'ai déjà fait connaître, ne peuvent jamais s'abstenir d'informer le Procureur du Roi des délits, même sur lesquels les parties intéressées ont transigé; et que, à plus forte raison, ils n'ont pas le droit d'intervenir dans ces transactions, dans le but d'assoupir l'affaire et d'en dérober la connaissance au ministère public.

C'est encore là un point des plus clairement définis par la loi. *Le code d'Instruction criminelle* dispose, article 1er : « L'action pour l'application des peines n'appartient qu'aux fonctionnaires auxquels elle est confiée par la loi. » — Il résulte de ce texte qu'aux seuls fonctionnaires chargés de poursuivre les crimes, délits ou contraventions, appartient le droit d'examiner et de décider, sous leur responsabilité personnelle, si tel crime, tel délit, telle contravention, doit être ou n'être pas poursuivi.

Or, ces fonctionnaires sont, pour les *crimes* et les *délits*, les Procureurs Généraux près les Cours royales (*code d'Inst. crim.* art. 274; *Loi du* 20 *avril* 1810, art. 45), et les Procureurs du Roi près les Tribunaux de première instance (*code d'Inst. criminelle*, art. 22). — Pour les *contraventions* de police, les Commissaires de police et les Maires ou adjoints des communes chefs-lieux de canton (*Id.* art. 144).

Ainsi, les maires et adjoints, qui ne sont que des

officiers de police judiciaire ne peuvent que constater les faits dénoncés suivant l'exigeance des cas, et que transmettre ensuite à qui de droit, les procès-verbaux, pièces, renseignements, dénonciations et plaintes, etc. qui y sont relatifs. *Idem*, art. 29.

112. A plus forte raison, lorsque le fait a été constaté par un officier de police judiciaire quelconque, même par leur garde champêtre, ils ne peuvent retenir le procès-verbal qui en a été dressé, sous le prétexte qu'il y a eu un arrangement entre les parties, ou que le délit est de trop peu d'importance pour être poursuivi.

Les gardes champêtres sont des officiers de police judiciaire (*code d'Inst. crim.* art. 9), quoique d'un rang inférieur à celui des maires et adjoints; les procès-verbaux qu'ils ont dressés, dans les limites de leur compétence, sont des actes qui appartiennent désormais à la justice, lors même qu'ils ne seraient pas d'une régularité irréprochable et les maires n'ont nullement le droit de les supprimer.

En retenant un procès-verbal ou une plainte, etc., un maire manque essentiellement à ses devoirs, quelle que soit la pureté de ses intentions. Mais ses torts, à cet égard, deviennent encore plus graves, lorsqu'il impose à l'arrangement entre les parties ou au retrait de la plainte, une condition pécuniaire quelconque: par exemple, une amende au profit des pauvres, de la fabrique, ou des travaux de la commune.

Ces transactions conditionnelles ne constituent pas seulement une désobéissance formelle à la loi, elle placent encore le maire, assez imprudent pour y participer, dans la position la plus équivoque à l'égard du ministère public et même de ses administrés. En effet, comme je l'ai expliqué plus haut, n° 27, le retrait de la plainte ou la transaction, n'empêchant jamais, à l'exception du délit *d'Adultère* et des infractions aux lois sur les *Douanes* et les *Contributions indirectes*, la poursuite du ministère public, il arrivera nécessairement que le maire, si le délit sur lequel on a transigé parvient à la connaissance du Procureur du Roi, encourra les reproches de ce magistrat, pour avoir gardé le silence envers lui, et ceux des prévenus pour avoir exigé d'eux des sommes qui ne les ont pas mis à l'abri des poursuites (voy. dans le Recueil de 1831, p. 40, une lettre de M. le Préfet sur le même sujet).

Il y a plus encore, les maires ne devant pas comprendre dans le budget de leur commune, des sommes ainsi arbitrairement perçues, parce que M. le Préfet ne pourrait en approuver la mise en recette, ils seront obligés de faire de cet argent un emploi occulte, et, alors, faute de pouvoir en justifier d'une manière régulière, ils pourront encourir le soupçon injurieux, surtout pour des fonctionnaires, d'avoir appliqué ces fonds à leur profit. Ils pourront, enfin, devenir l'objet d'une action en restitution de la part des délinquants illégalement imposés.

Ainsi, par prudence et par devoir, les maires demeureront étrangers aux arrangements et transactions qui ont pour objet un délit et qui auront lieu entre de simples particuliers; ils n'y mettront pas obstacle, parce que ces conventions sont l'exercice d'un droit que la loi consacre : mais ils ne les sanctionner ont point par leur assentiment ou leur présence, parce que la loi le leur défend.

113. Ces réflexions concernent aussi, bien entendu, les officiers de police judiciaire subalternes, tels que les gardes champêtres et forestiers, et les gardes des particuliers. Je n'ignore pas que, plus d'une fois, surtout en matière de Chasse, quelques-uns de ces gardes ont cédé à des dons ou promesses de délinquants, pris en flagrant délit, et se sont abstenus de verbaliser contre eux. J'espère que MM. les maires ne favoriseront jamais ces sortes d'arrangements; leur considération personnelle et l'ordre y sont également intéressés. En effet, ces fonctionnaires, en donnant leur assentiment à ces transactions immorales et illicites, s'exposent, alors même qu'ils sont animés des plus louables intentions, à la nécessité, toujours plus ou moins humiliante, de se justifier d'un fait que la loi, dans sa sévérité, a qualifié de *concussion* (*Code pénal*, art. 174) et même de *corruption* (*Id.*, art 177, 179).

114. Lorsque MM. les maires auront appris que leurs gardes ont commis une faute de cette nature, ils devront m'en informer, sur-le-champ, pour que, suivant les circonstances, je puisse poursuivre le garde concussionnaire, ou au moins, le dénoncer à M. le Préfet; ce magistrat ayant le droit (*Ordonnance du* 29 *novembre* 1820; *Loi du* 18 *juillet* 1837, art. 13) de prononcer la suspension et même la révocation des gardes champêtres, et (*Code forestier*, art. 117; *Ordonnance du* 1er *août* 1827, art. 150) de retirer l'agrément qu'il a donné à la nomination des gardes particuliers, ce qui entraîne, nécessairement, la révocation de ces agents.

§ XV.

DES FOUS FURIEUX.

115. La surveillance des individus en état d'aliénation mentale est confiée à l'autorité municipale à un double titre : comme officiers de police judiciaire, les maires constatent les *divagations* des fous furieux, lesquelles constituent, contre leurs gardiens, une contravention de police prévue par l'art. 475, n° 7, du Code pénal; comme officiers de police administrative, ils provoquent, auprès de l'autorité supérieure, ou prennent même d'office, les mesures nécessaires pour mettre les fous furieux hors d'état de nuire.

Sous ce dernier point de vue, les aliénés ressortent plutôt du domaine de l'Administration proprement dite; et je ne m'en serais pas occupé dans cette instruction, si la difficulté de bien distinguer les cas où il faut envoyer les renseignements etc. concernant un aliéné, à M. le Préfet, de ceux où il faut les adresser au Procureur du Roi, ne m'avait fait penser qu'il ne serait pas inutile de résumer ici, en ce qui concerne les devoirs des maires, les principales dispositions de la loi sur les *Aliénés* et d'entrer dans quelques distinctions dont son application exige la connaissance.

Il peut arriver, en effet, qu'un individu dont l'état présente les caractères de l'aliénation mentale, commette une action qualifiée *crime* ou *délit*, par la loi. Dans ce cas, les maires ont moins à s'occuper du délit, qui n'est pas punissable (*Code pénal*, art. 64), à cause de l'état de démence de son auteur, que de l'aliéné, lui-même, et de la société, qui pourrait avoir à souffrir des suites de son égarement.

Si la fureur dont l'aliénation paraît accompagnée est de nature, ce qui arrive presque toujours, à compromettre l'ordre public, ou la sûreté des personnes, ou des propriétés, il en est référé, par le maire, à M. le Préfet. Les faits d'aliénation furieuse sont constatés par un procès-verbal circonstancié. A cet acte, le maire joint un certificat de médecin sur l'état de l'individu, et adresse le tout à M. le Préfet, pour être, par ce magistrat, statué sur le placement de l'aliéné à l'hospice du département. (*Loi du* 30 *juin* 1838, art. 18 et 19). Modèle du certificat de médecin, Recueil de 1839, page 311.

116. En cas de danger imminent et à raison des actes de violence de l'aliéné, le maire, sur le certificat du médecin, ou même sur la notoriété publique, peut ordonner, provisoirement, la translation de l'aliéné, sous bonne et sûre garde, à l'hospice de la commune (*Dite loi*, art. 24 : Arrêté; modèles, nº 23). Si la commune est privée d'hospice, le maire fait garder à vue l'aliéné dans un local convenable, et même dans sa propre maison, si elle est assez spacieuse. Un aliéné ne peut jamais être déposé dans une prison. Les frais de transport des aliénés sont tarifés par l'arrêté de M. le Préfet du 28 mars 1839; Recueil, page 81.

En tout cas le maire contracte l'obligation :

1º d'en référer à M. le Préfet, dans les 24 heures ;

2º d'en informer le Procureur du Roi, dans les trois jours (*Dite loi*, art. 19, 23 et 10).

Les maires se conformeront, au surplus, aux instructions de M. le Préfet, insérées dans le *Recueil* des actes administratifs du 13 août 1838, page 200 ; 11 octobre 1838, id. p. 227 ; 18 mars 1839, *id.* p. 69 ; 28 mars 1839, *id.* p. 77 ; 21 décembre 1839, *id.* p. 311.

117. Lorsque l'aliénation mentale est réelle, les

délits commis par l'aliéné n'étant pas punissables, les maires pourraient, à la rigueur, se dispenser d'en informer le Procureur du Roi. Il vaut mieux, cependant, à tout événement, en donner avis à ce magistrat, au moins par une simple lettre. *Code d'inst. crim.*, art. 29.

Si la folie paraissait simulée, et l'expérience apprend que c'est un moyen employé, quelquefois, par les prévenus, pour se soustraire aux poursuites, le maire procèderait comme en cas ordinaire, et enverrait le prévenu, les procès-verbaux, pièces etc. au Procureur du Roi, pour que ce magistrat pût faire examiner si l'aliénation de l'inculpé est feinte ou véritable.

118. Quant aux aliénés dont l'état mental n'est pas de nature à compromettre la sûreté publique, les maires n'ont à s'occuper que de ceux de ces malheureux qui sont dans l'indigence ou qui n'ont pas de parents qui puissent les secourir. Un arrêté de M. le Préfet du 1er décembre 1839, règle les conditions et le mode d'admission des aliénés indigents, dans l'hospice départemental ; les maires n'auront qu'à le consulter (*Recueil* de 1840, page).

§ XVI.

DE QUELQUES RAPPORTS DES MAIRES AVEC LES GARDES CHAMPÊTRES ET FORESTIERS ; LA GENDARMERIE ; LES EMPLOYÉS DES CONTRIBUTIONS INDIRECTES ET LES VÉRIFICATEURS DES POIDS ET MESURES.

ARTICLE I. *Rapports avec les Gardes.*

119. *Affirmation des procès-verbaux des gardes champêtres et forestiers.* — Les maires et, à leur défaut, leurs adjoints, dans les communes non chefs-lieux de canton, reçoivent l'affirmation (*Modèles*, n° 22) des procès-verbaux des gardes champêtres et forestiers, soit des communes et administrations, soit des particuliers. *Loi du 28 floréal an* X, art. 11; *Code forestier*, art. 165.

Dans les communes où résident le juge de paix ou ses suppléants, les maires et adjoints ne reçoivent cette affirmation, que lorsque ces magistrats sont absents, ou absolument empêchés. *Id. ibid.*

Il est arrivé quelquefois, que des maires se sont refusés à recevoir l'affirmation d'un procès-verbal, rédigé par leur garde, probablement parce que cet acte ne leur semblait pas l'expression de la vérité, ou parce que le délit constaté ne leur paraissait pas de nature à être poursuivi. Rien, dans la loi, n'autorise un semblable refus; l'affirmation n'est point un acte par lequel le maire donne son approbation au procès-verbal du garde; en le recevant, il ne fait que constater une chose : savoir, que le garde persiste dans les énonciations contenues en son procès-verbal ou rapport.

L'affirmation devra donc être reçue par les maires, toutes les fois qu'elle aura été requise; en cas de refus , il devrait en être rendu compte, par le garde, au Procureur du Roi. *Ordonnance du 1er août* 1827, art. 182.

120. *Délai de l'affirmation.* I. *Gardes champêtres.* L'affirmation doit être faite par les gardes champêtres des communes et des particuliers dans le délai de 24 heures. *Loi du* 30 *avril* 1790, art. 10.

Ce délai court à partir du moment de la *clôture* du procès-verbal et non pas à compter de l'heure à laquelle le garde a reconnu le délit. Il peut arriver qu'un garde constate un délit quelconque, au commencement de sa tournée; or, comme il n'est pas tenu d'interrompre cette tournée, pour vaquer à la rédaction de son rapport, il pourra, très-valablement, rédiger cet acte plusieurs heures après celle à laquelle le délit aura été reconnu.

Si l'heure de la clôture du procès-verbal n'est pas indiquée, l'affirmation de cet acte pourra être utilement reçue pendant toute la journée du lendemain.

121. *Délai.* II. *Gardes forestiers.* La loi (*Code forestier*, art. 165) a accordé un peu plus de temps aux gardes forestiers qu'aux gardes champêtres, pour affirmer leurs procès-verbaux. Cette affirmation peut être, par eux, faite, le lendemain de la clôture de ces actes. Ainsi le procès-verbal d'un garde forestier clos, le 1er mars, à 7 heures du matin, serait encore valablement affirmé, le 2 mars, à 11 heures du soir.

Dans tous les cas, s'il s'élevait, dans l'esprit du maire, quelques doutes sur la validité d'une affirmation requise, cet acte ne devrait pas moins être rédigé; il n'appartient pas, à ce fonctionnaire, d'examiner si l'affirmation est ou non valable; ce droit n'a été conféré qu'aux tribunaux qui doivent connaître du procès-verbal ou rapport.

Date. On voit, par ce qui précède, qu'il faut, en général, dater l'affirmation de l'heure à laquelle elle est faite.

122. *Lecture et signature de l'acte d'affirmation.* Il est bien entendu que l'affirmation d'un procès-verbal doit être, comme tout autre acte, lue au garde qui la fait, par le maire qui la reçoit, et signée ensuite de tous les deux (Modèles, n° 24).

123. *Rédaction des procès-verbaux des gardes illettrés.* Il arrive encore assez souvent, que des gardes champêtres ou particuliers, ne sachant pas assez bien écrire, sont obligés d'employer une main étrangère pour rédiger leurs procès-verbaux. Ils ne peuvent, légalement, s'adresser, à cet effet, qu'à certains fonctionnaires publics. Pendant assez longtemps on a été indécis sur la qualité de ces fonctionnaires, mais les principes paraissent, aujourd'hui, fixés à cet égard. Il en résulte que les gardes champêtres illettrés peuvent faire écrire leurs procès-verbaux : — par le *juge de paix* du canton où ils exercent; à son défaut, par *ses suppléants* ; — par le *maire*, ou *l'adjoint*, ou le *commissaire de police* de la commune (*Lois du* 28 *septembre* — 6 *octobre* 1791, titre 1er, sect. 7, art. 6; du 28 *floréal an* X, art. 11; *Code d'inst. crim.*, art. 9 et 11). — Enfin, par le *greffier du juge de paix* (*Décret* du 27 *décembre* 1790 — 5 *janvier* 1791).

Le procès-verbal, ainsi rédigé, sous la dictée du garde par le maire ou son adjoint, il lui en est donné lecture, par ce fonctionnaire ; le garde l'affirme et y appose sa signature, et il est fait mention du tout à la fin de l'acte (Modèles n° 25).

Les gardes forestiers, même ceux des particuliers, doivent écrire, eux-mêmes, leurs procès-verbaux (*Code forestier*, articles 165 et 189). Toutefois si, par suite d'un empêchement quelconque, le procès-verbal était seulement signé par le garde, mais non écrit en entier de sa main, le maire qui en recevrait l'affirmation devrait lui en donner préalablement lecture, et faire ensuite mention de cette formalité ; le tout sous peine de nullité du procès-verbal (*Ibid*).

124. *Révision des procès-verbaux des gardes champêtres.* Il n'est pas commun de rencontrer des gardes à qui la rédaction des procès-verbaux soit familière. La plupart de ces agents, lors même qu'ils reconnaissent un délit avec quelque soin, omettent, fréquemment, de consigner dans leurs procès-verbaux, des circonstances plus ou moins essentielles à constater.

Il m'est arrivé, bien souvent, lorsqu'un procès-verbal m'était remis par le garde rédacteur, d'y découvrir des omissions plus ou moins importantes qu'il n'était plus temps de réparer, parce que cet acte était affirmé et enregistré, et sur lesquelles il fallait faire entendre le garde, comme témoin, à l'audience.

Une des omissions le plus communes aux gardes, c'est l'estimation du dommage causé. J'ai expliqué au § 4 du *flagrant délit*, no 47, pourquoi il fallait, presque toujours, en constatant un délit rural, estimer, dans le procès-verbal, le dommage résultant du délit.

MM. les maires à qui les procès-verbaux de leurs gardes sont toujours remis pour l'affirmation, le jour même, ou le lendemain au plus tard, pourront, plus utilement que moi, contrôler la rédaction de ces actes, et faire réparer à leurs agents, avant l'affirmation, les omissions ou les erreurs qu'ils auraient pu commettre. Je les invite, à cet égard, toutes les fois que le garde viendra affirmer son procès-verbal, à se faire raconter, par cet agent, tout ce qu'il a remarqué lors de la reconnaissance du délit constaté. Les circonstances ou renseignements utiles qui auraient été omis dans le procès-verbal, seront ajoutés, à cet acte, au moyen de renvois placés soit en marge, soit à la fin, et signés par le garde.

L'affirmation sera ensuite rédigée comme à l'ordinaire.

— Le soin que je viens d'indiquer, est facile à prendre, et ma propre expérience ne me permet pas de douter que, par son emploi, les procès-verbaux des gardes que je recevrai, à l'avenir, ne se trouvent sensiblement améliorés.

125. *Perquisitions des gardes champêtres et forestiers.* Quoique la loi, (*Code d'instr. crim.* art. 10; v. plus haut n° 2) donne aux gardes-champêtres et forestiers le titre d'officiers de police judiciaire, elle ne leur confère pas le droit de faire, seuls, des perquisitions ou visites domiciliaires. Lorsque les gardes ont besoin, pour suivre les choses enlevées lors d'un délit rural ou forestier, de s'introduire dans des maisons, bâtiments, cours adjacentes et enclos, ils doivent requérir le juge de paix ou son suppléant, le commissaire de police, le maire ou son adjoint, de les assister; le procès-verbal qui est dressé de l'opération est signé par celui de ces fonctionnaires en présence duquel elle a été faite (*Code d'inst. crim.*, art. 16; *Code forest.* art. 161). — Si les portes des bâtiments et meubles à visiter, sont fermées, le maire les fait ouvrir par un serrurier (Voy. § 5, n° 64).

Ces fonctionnaires ne peuvent refuser d'accompagner, sur-le-champ, les gardes, lorsqu'ils en sont requis par eux. *Code forest.* art. 162.

En cas de refus, il en est rendu compte par le garde au Procureur du Roi. *Ord. du 1er août* 1827, art. 182.

126. *Arrestations opérées par les gardes champêtres et forestiers.* Les gardes champêtres et forestiers doivent conduire, devant le juge de paix ou devant le maire, tout individu qu'ils ont surpris en flagrant délit, ou qui est dénoncé par la clameur publique, lorsque ce délit emporte la peine d'emprisonnement ou une peine plus grave. *Code d'inst. crim.* art. 16.

Si le nombre ou les dispositions des individus à arrêter font craindre aux gardes de ne pouvoir, seuls, opérer l'arrestation, ils se font donner main forte par le maire ou son adjoint, qui ne peut s'y refuser (*Id. Ibid.* Modèle n° 12). Quant à *l'interrogatoire* du prévenu, voy. le § 6, de *l'arrestation des prévenus*, n° 70.

ART. II. *Rapports avec la Gendarmerie.*

127. *Avis à la Gendarmerie.* Sur le rapport de leurs gardes et même d'office, les maires sont tenus d'informer les officiers et sous-officiers de gendarmerie de tout ce qu'ils découvrent de contraire au maintien de l'ordre et de la tranquillité publique ; ils doivent aussi leur donner avis de tous les délits qui ont été commis sur leur territoire. *Ord. du* 29 *octobre* 1820, art. 314.

L'usage a établi que ces renseignements se donnent également aux simples gendarmes, lorsque ceux-ci se présentent devant les maires dans leurs tournées de communes ; ces gendarmes se chargent ensuite d'en informer leurs sous-officiers et officiers.

Une lettre de M. le Préfet, du 31 décembre 1835, insérée dans le Recueil de 1836, p. 3, rappelle MM. les maires du département à l'observation de ces dispositions si utiles et, il faut bien le dire, si généralement négligées.

Ces communications ne dispensent pas les maires d'informer directement le Procureur du Roi du même délit. Voy. § 3, *avis au procureur du Roi*, n° 28.

128. *Surveillance de la gendarmerie sur les gardes champêtres.* Ces gardes sont placés sous la surveillance des commandants des brigades qui en tiennent registre. Ces sous-officiers et leurs officiers s'assurent, dans leurs tournées, de la manière dont les gardes champêtres remplissent leurs fonctions, et ils donnent connaissance au Sous-Préfet de ce qu'ils ont appris sur la conduite et le zèle de chacun d'eux. *Id.* art. 310 et 311.

MM. les maires feront bien, dans l'intérêt du service, de favoriser de tout leur pouvoir, l'exercice de cette surveillance salutaire. Les gardes champêtres sont peut-être les agents dont le zèle a le plus besoin d'être stimulé.

129. *Rassemblement des gardes.* Dans des cas urgents, ou pour des objets importants, les sous-officiers de gendarmerie peuvent mettre en réquisition les gardes champêtres d'un canton; et les officiers, ceux d'un arrondissement, soit pour les seconder dans l'exécution des ordres qu'ils ont reçus, soit pour le maintien de la police et de la tranquillité publique.

Ils sont tenus de donner avis et de faire connaître les motifs généraux de ces réquisitions aux maires des communes, qui veillent ensuite à ce que les gardes champêtres y défèrent exactement. *Ord. du 29 octobre* 1820, art. 312.

130. *Visa des mandats d'amener, de dépôt et d'arrêt.* Si un individu, contre lequel il a été décerné un mandat *d'amener*, ne peut être trouvé, ce mandat est exhibé, par la gendarmerie, au maire ou à l'adjoint de la commune de la résidence du prévenu; le maire ou l'adjoint met son visa sur l'original de l'acte de notification. *Code d'inst. crim.*, art. 105.

Dans le même cas et lorsqu'il s'agit d'un mandat d'*arrêt*, le maire ou l'adjoint de la commune où le prévenu avait sa dernière habitation, vise également le procès-verbal de perquisition dressé, par la gendarmerie, en vertu du mandat, et il reçoit une copie de ce procès-verbal. *Id.* art. 109.

Lorsque plus tard le prévenu, objet du mandat, se présente dans la commune, le maire le fait arrêter, ou, au moins, il donne avis de son retour à la brigade la plus voisine.

Lorsqu'un prévenu est trouvé hors de l'arrondissement de l'officier qui a délivré le mandat de dépôt ou d'arrêt, il est conduit devant le juge de paix ou son suppléant, et, à leur défaut, devant le maire ou l'adjoint du lieu, lequel vise le mandat, sans pouvoir en empêcher l'exécution. *Idem*, art. 98.

130 bis. *Tournées de communes.* Les brigades de gendarmerie sont tenues de faire, chaque mois, un certain nombre de tournées dans les diverses communes de leur circonscription. Ces tournées sont constatées, jour par jour, sur les feuilles mensuelles de service, par le maire ou l'adjoint de la commune visitée. Ce visa ne doit se donner que dans la commune même et non ailleurs; par exemple, dans un marché, dans une foire, où des maires, rencontrés par des gendarmes, constateraient, par obligeance, une tournée qui n'aurait pas été effectuée. *Ord. du 29 octobre* 1820, art. 177, n° 2.

130 ter. *Arrestations opérées par la gendarmerie.* Si des gendarmes, porteurs d'un mandat régulier et même sans mandat, mais en cas de *crime flagrant*, ont besoin de pénétrer dans une maison d'habitation ou ses dépendances, pour y opérer l'arrestation d'un prévenu, ils requièrent le maire ou l'adjoint de les accompagner dans cette habitation (*Loi du* 28 *germinal* an VI, art. 131; *Ord. du* 29 *octobre* 1820, art. 185; Argt. du *Code d'inst. crim.* art. 16).

Si les portes d'entrée ou celles de quelque appartement ou meuble intérieur, utile à visiter, étaient fermées, le maire les ferait ouvrir par un serrurier, ainsi qu'il est dit au § 5, n° 64 et au n° 125.

Pour les *arrestations* et la *main-forte* à requérir par les maires, voy., plus haut, § 6 et 7, de *l'arrestation des prévenus* et du *droit de requérir la force publique*.

Art. III. *Rapports avec les Employés des Contributions indirectes.*

151. *Visites des employés de la régie chez les particuliers.* En cas de soupçon de fraude, à l'égard de particuliers non sujets à l'exercice, les Employés peuvent faire des visites dans l'intérieur de leurs habitations en se faisant assister du juge de paix, du *maire* ou de son *adjoint* ou du commissaire de police, lesquels sont tenus de déférer à la réquisition qui leur en est faite et qui doit être transcrite en tête du procès-verbal des employés. *Loi du* 28 *avril* 1816, 2e partie, art. 237.

Ces visites ne peuvent avoir lieu que d'après l'ordre d'un employé supérieur, du grade de Contrôleur au moins (*Id. Ibid*). Cet ordre doit être spécial et nominatif, et il doit être exhibé au maire ou à l'adjoint (ou au conseiller municipal qui les remplace) dont les Employés requièrent l'assistance.

Les maires et adjoints etc. doivent déférer à ces réquisitions régulièrement faites, sous peine de destitution et de dommages intérêts (*Loi du* 5 *ventôse* an XII, art. 83). — Ils assistent à toute la visite et signent le procès-verbal qui en est dressé.

Indépendamment de cette assistance, ils doivent, en cas d'obstacle et de résistance aux recherches des employés, et, à plus forte raison, de rébellion, leur prêter aide et secours et prendre toutes les mesures nécessaires, à cet égard: comme requérir l'intervention de la force publique; gardes champêtres, garde nationale, gendarmerie etc. (*Loi du* 28 *avril* 1816, art. 245. — Voy. § 7 *du droit de requérir la force publique*, et Modèles n° 12).

ART. IV. *Rapports avec les Vérificateurs et Vérification d'office des Poids et mesures par les maires.*

132. *Visites des vérificateurs.* Dans le cas de refus d'exercice et lorsque les vérificateurs procèdent chez les débitants, avant le lever ou après le coucher du soleil, aux visites autorisées par l'ordonnance du 17 avril 1839, article 26 (c'est-à-dire, dans ce dernier cas, chez les marchands etc. *la nuit*, mais aux heures où les lieux de vente sont encore ouverts au public), ils ne peuvent s'introduire dans les maisons, bâtiments ou magasins, qu'en présence, soit du juge de paix, ou de son suppléant, soit du *maire* ou de *l'adjoint* ou du commissaire de police. *Dite Ord*ce art. 39; *Loi du 4 juillet* 1837.

Ces fonctionnaires ne peuvent se refuser à accompagner, sur-le champ, les vérificateurs, lorsqu'ils en sont requis; les procès-verbaux qui sont ensuite dressés, sont signés par le fonctionnaire en présence duquel ils ont été faits. *Dite Ord*ce art. 40.

133. *Annonce des vérifications annuelles.* Lorsque M. le Préfet a fixé, par un arrêté, pour une commune, l'époque de la vérification annuelle des poids et mesures (*id. ibid.*, art. 27), le maire fait connaître, par un ban publié, dans la forme ordinaire, au moins deux jours à l'avance, le jour de la vérification. *Id. Ibid.* art. 38.

134. *Visites extraordinaires.* Les vérificateurs peuvent toujours faire, soit d'office, soit sur la réquisition des maires et du Procureur du Roi, ou l'ordre du Sous-Préfet et du Préfet, des visites extraordinaires et inopinées chez les assujettis. *Id. Ibid.* art. 20.

Ces visites ont pour but de surprendre en flagrant délit les débitants possesseurs de poids et mesures faux ou illégaux, qu'ils pourraient cacher, avertis par l'annonce des visites périodiques. Lorsque les maires ont connaissance de cette contravention, et qu'ils ne peuvent la constater eux-mêmes, ainsi qu'ils en ont le droit (*Id. Ibid.* art. 29), ils requièrent le vérificateur de l'arrondissement de faire une visite extraordinaire chez les assujettis signalés, ou bien ils informent le Procureur du Roi, le Sous-Préfet ou le Préfet, de l'utilité qu'il y aurait à prescrire cette mesure.

135. *Visites des maires.* Indépendamment des visites des vérificateurs, les *maires* et *adjoints*, commissaires et inspecteurs de police, peuvent et doivent faire, *plusieurs fois* dans l'année, des visites dans les boutiques et magasins, dans les places publiques, foires et marchés, à l'effet de s'assurer de l'exactitude et du fidèle usage des poids et mesures. *Id. Ibidem*, art. 29.

Ils surveillent les bureaux publics de pesage et mesurage, dépendant de l'administration municipale. *Ibidem.*

Ils s'assurent que les poids et mesures portent les marques et poinçons de vérification, et qu'ils n'ont pas souffert de variations depuis l'apposition de ces marques.

Ils visitent, souvent, les romaines, balances, et autres instruments de pesage, etc. (*Id.* art. 30) et constatent les infractions à la loi. *Ibid.* Ils saisissent tous les instruments de pesage ou de mesurage illégaux ou défectueux : ils les déposent à la mairie, lorsque cela est possible. *Id.*, art. 35; *Code pénal*, art. 481. V. l'Arrêté du Préfet du 4 janvier 1840, *Rec.* p. 41, sur l'*assortiment* des poids et mesures obligatoire pour chaque profession.

136. *Affiches... Annonces.* Si des affiches ou annonces contiennent des dénominations de poids et mesures autres que celles portées dans la loi du 4 juillet 1837 (tableau final), les maires et adjoints sont tenus de constater ces contraventions, et d'envoyer, immédiatement, leurs procès-verbaux au receveur de l'enregistrement. *Dite Ordonnance*, art. 45.

§ XVII.

DE LA POLICE MUNICIPALE.

137. La POLICE MUNICIPALE a pour but, comme la police judiciaire, le maintien de l'ordre, de la sûreté et de la tranquillité dans une commune. Ainsi, au premier abord, elle semblerait devoir être confondue avec la police judiciaire. Elle en diffère cependant essentiellement : — 1° en ce qu'elle concerne presque exclusivement les simples contraventions de police, tandis que la police judiciaire s'applique plutôt aux crimes et aux délits ; — 2° en ce qu'elle se compose, tout à la fois, d'actes de procédure criminelle, tels que les procès-verbaux destinés à constater les contraventions, et d'actes administratifs tels que les arrêtés et règlements de police faits par les maires etc. ; — 3° en ce qu'elle comprend encore les jugements que peuvent rendre ces magistrats, lorsqu'ils siégent comme juges de police ; aussi aurai-je à considérer ici la police municipale sous ce triple aspect et à résumer les pouvoirs et les devoirs des maires en ce qui concerne :

1° Les contraventions de police prévues par la loi ;

2° Les Arrêtés ou Règlements municipaux que peuvent faire ces fonctionnaires dans les cas déterminés par la loi et sur les objets confiés à leur vigilance et à leur autorité ; et les principales contraventions qui résultent de l'inobservation de ces Arrêtés, etc.

3° La compétence et les fonctions des maires comme juges de police.

Quoique ces deux derniers objets soient, pour ainsi dire, étrangers à la police judiciaire, qui fait le sujet spécial de cette instruction, je n'ai pas cru devoir les passer sous silence, à cause de leur intime liaison avec le premier : les Contraventions de police prévues par la loi.

Art. Ier. — *Des contraventions de police prévues par la loi.*

138. Les principales contraventions de police que les maires ont à constater, sont prévues par le Code pénal, articles 471, 475 et 479, et par les articles du Code rural déjà indiqués au § 2 *de la Compétence*, n° 15, 3°. A ces contraventions il convient aussi d'ajouter celles qui sont prévues par le Code forestier, articles 144, 146, 192, 194, 199, etc.

MM. les maires pourront se reporter à ces différents textes de lois ; je crois néanmoins devoir leur signaler ici les principales de ces contraventions dont la répression peut le plus contribuer à la sûreté et à l'ordre public dans leurs communes. Ce sont :

1° Le défaut d'entretien, de réparation ou de nettoiement des *fours*, *cheminées*, ou *usines* où l'on fait usage du feu. *Code pénal*, art. 471, n° 1.

D'après le Code rural, titre 2, art. 9, les maires sont tenus, particulièrement, de faire, au moins une fois, par an, la *Visite des fours et cheminées* de toutes maisons et de tous bâtiments éloignés de moins de 50 mètres des autres habitations ; ces visites sont annoncées huit jours d'avance ; si, dans cette tournée, le maire trouve une cheminée ou un four mal entretenu, mal réparé ou mal nettoyé, il en dresse procès-verbal.

Si le four ou la cheminée est dans un état de délabrement qui pourrait occasionner un incendie, il en ordonne la réparation, et, au besoin, la démolition. *Code rural*, même article.

2° La négligence ou le refus de réparer ou de démolir un *édifice qui menace ruine*. *Code pénal*, art. 471, n° 5.

Lorsque les maires trouvent, dans leur commune, un bâtiment dont la chûte pourrait être nuisible aux personnes ou aux propriétés, ils le font diligemment examiner par des experts, qui décident s'il y a lieu de démolir le bâtiment ou seulement de le réparer. Le maire prend un arrêté en conséquence, dans lequel il fixe le délai accordé pour la démolition ou la réparation de l'édifice ; il le fait notifier aux propriétaires ou locataires du bâtiment, et, le délai expiré, si l'arrêté n'est pas exécuté, il en dresse procès-verbal. *Loi du 24 août* 1790, titre XI, art. 3, n° 1er.—Notification de l'arrêté ; voy. Modèles, n° 32.

3° Le défaut d'*échenillage* dans les campagnes ou jardins. *Code pénal*, art. 471, n° 8 ; *Loi du 26 ventôse* an IV.

Cette dernière loi enjoint à tout propriétaire, usufruitier, régisseur, fermier, colon ou locataire, d'écheniller ou faire écheniller, tous les ans, du 1er au 15 février, les arbres, arbustes, haies ou buissons situés dans ses propriétés. MM. les maires feront bien, toutefois, de rappeler, chaque année, l'exécution de cette loi à leurs administrés, surtout lorsque la multiplication des chenilles leur paraîtra rendre ce soin nécessaire. Cette contravention, qui tient à la police rurale, peut être constatée par les gardes champêtres.

Les dispositions de la loi de l'an IV, sur l'échenillage, sont fréquemment rappelées aux maires par M. le Préfet. Voir ses circulaires du 23 janvier 1837, Recueil, pag. 12 ; du 4 mars 1839, id. page 67, etc.

4° La négligence des aubergistes, hôteliers, logeurs, etc., à inscrire de suite, et sans aucun blanc, sur un *registre*, les noms, qualités, domicile habituel, date d'entrée et de sortie, de toutes personnes qui auraient couché ou passé une nuit dans leurs maisons. *Code pénal*, article 475, n° 2.

La tenue de ce registre est une des précautions indispensables à l'établissement d'une bonne police dans les communes. C'est, surtout, par ce moyen que les maires peuvent être instruits de la présence des étrangers sur leur territoire. De plus, la nécessité dans laquelle sont les voyageurs d'exhiber leurs passeports aux aubergistes, ou, au moins, de justifier de leur identité pour être inscrits, suffit, la plupart du temps, pour éloigner les gens sans aveu. Voir plus bas, n° 146, 5°, pour l'Arrêté de M. le Préfet sur ce point. V. aussi le Modèle n° 29.

5° La négligence des charretiers, rouliers, conducteurs de voitures ou de bêtes de charge, à se tenir constamment à portée de leurs chevaux ou voitures, à n'occuper qu'un seul côté des rues ou chemins publics, etc. (*Code pénal*, art. 475, n° 3; *Ordonn. du* 16 *juillet* 1828, article 34; *circulaire* de M. le Préfet du 21 mars 1836, *Recueil*, page 54.) — Pour les autres contraventions à la police du Roulage, lesquelles sont de la compétence du Conseil de préfecture, voy. plus haut, § 2, *de la Compétence*, n° 16, 18°.

6° L'établissement ou la tenue dans les rues, chemins, places ou lieux publics (ce qui comprend les auberges et les cabarets etc.), de *jeux de loterie* ou d'autres *jeux de hasard*. *Code pénal*, art. 475, n° 5.

Les maires doivent être d'autant plus attentifs à constater cette contravention, que, souvent, elle est accompagnée d'escroquerie, comme je le dirai tout à l'heure, et que sa récidive constitue un délit correctionnel. *Idem.* art. 478.

Il est arrivé quelquefois que des maires, par inadvertance, ont autorisé, verbalement et même par écrit, des possesseurs de loteries ou autres jeux de hasard à les tenir publiquement sur les champs de foire, marchés, places, ou autres lieux publics, de leurs communes. Cette autorisation était illégale et n'aurait pas empêché les agents de la force publique, de service dans la commune, de verbaliser contre les contrevenants.

Je dois encore faire remarquer ici qu'il n'est pas

indispensable qu'une loterie soit tenue dans un *lieu public*, pour que ce fait doive être constaté par le maire, puisque la loi prohibe les loteries de *toute espèce*. — *Loi du* 21 *mai* 1836, art. 1er.

En constatant la tenue illégale des loteries ou jeux de hasard, il ne faut pas oublier de saisir les *tables*, *instruments*, *appareils*, des jeux ou des loteries, ainsi que les *enjeux*, *fonds*, *denrées*, *objets* ou *lots*, proposés aux joueurs, la confiscation de ces objets devant être prononcée, s'il y a lieu. *Code pénal*, art. 477.

J'appellerai, enfin, l'attention de MM. les maires sur les jeux de hasard, dits *roulettes*, les jeux de cartes à figures dites *tarots*, et les jeux de *dés* de toute espèce. Il est d'autant plus essentiel de saisir les dés, qu'ils se trouvent quelquefois *pipés*, c'est-à-dire qu'ils renferment, d'un côté, un peu de plomb qui les fait présenter toujours le même numéro. L'usage des dés *pipés* constituant le délit d'escroquerie, les individus qui en sont possesseurs doivent être arrêtés et mis à la disposition du Procureur du Roi. *Code pénal*, art. 405.

7° La vente ou le débit de *boissons falsifiées*. *Code pénal*. art. 475, n° 6.

Les boissons falsifiées seront saisies pour être, plus tard, répandues lorsque la confiscation en aura été prononcée par le tribunal de simple police. *Idem*, art. 477.

8° La mise en vente de *comestibles gâtés*, corrompus ou nuisibles. *Idem*, art. 475, n° 14.

Les comestibles gâtés seront détruits, *idem*, art. 477. — Lorsque leur corruption est évidente, il n'est pas nécessaire d'attendre le jugement du tribunal de police pour les détruire ou les enfouir.

9° La divagation des *fous furieux* ou celle des *chiens*, quand ils attaquent ou poursuivent les passants. *Id.* art. 475, n° 7.

Voy. le § 15, *des Fous Furieux*, pour la surveillance particulière commandée aux maires à cet égard.

10° Le refus ou la négligence de prêter le secours ou de faire les travaux requis par l'autorité, en cas de flagrant délit. *Idem*, art. 475, n° 12. *Voyez, plus haut*, § 4, *du flagrant délit*, n° 41.

11° Les *Maraudages simples de récoltes* ou autres productions utiles de la terre qui n'étaient pas encore détachées du sol. *Id.* 475, n° 15.

Lorsque l'enlèvement de récoltes non détachées a eu lieu, soit la *nuit*, soit par *plusieurs* personnes, soit avec des *paniers* ou des *sacs* ou autres objets équivalents, soit à l'aide de *voitures* ou d'animaux de charge, c'est un délit correctionnel, prévu par l'article 388.

12° La possession *de faux poids* ou de *fausses mesures* ou de poids et mesures non autorisés par la loi, dans les magasins, boutiques, ateliers ou maisons de commerce, ou dans les halles, foires ou marchés. *Code pénal*, art. 379, n° 5; *Loi du 4 juillet* 1837, art. 4; *Loi du* 18 *germinal* an III.

Les poids et mesures faux, ou illégaux, seront saisis. *Code pénal*, art. 481.

Si le marchand a trompé l'acheteur sur la quantité des choses vendues, en se servant de faux poids ou fausses mesures, ce fait constitue le délit prévu par l'art. 423 du *Code pénal*. Voy. § 2, *de la compétence*, n° 14.

Ces contraventions et délits sont constatés à la fois par les Vérificateurs des poids et mesures et par les Maires et Adjoints etc. *Voyez*, le § 16, *des rapports des maires avec les vérificateurs*, n° 132, et *l'Ordonnance du* 17 *avril* 1839, art. 36.

13° Les contraventions des gens vulgairement appelés *tireurs de cartes* qui abusent de la crédulité publique et font métier de prédire l'avenir ou de faire retrouver les choses perdues ou volées, ou d'expliquer les songes. *Code pénal*, art. 479, n° 7.

Les *Instruments*, *ustensiles* et *costumes* qui servent ou sont destinés aux tireurs de cartes, etc., seront saisis. *Id.* art. 481.

14° Les *anticipations*, *dégradations* et *détériorations* des chemins publics. *Id.* 479 n° 11.

Voy. plus bas, n° 146, 2°, pour l'arrêté de M. le Préfet sur *les chemins vicinaux* et leur police.

15° Le défaut *d'enfouissement de bestiaux morts*, par le propriétaire et dans son terrain, ou dans celui désigné par le maire. *Code rural*, tit. II, art. 13.

En cas de négligence du propriétaire, le maire ordonne le transport et l'enfouissement des bestiaux morts, et les frais de ces opérations sont mentionnés dans le procès-verbal, pour être compris, s'il y a lieu, dans la liquidation des frais, en simple police. *Id. Ibid.* Modèles, n° 24.

16° *Le glanage*, *rattelage*, ou *grapillage* non autorisés, *Code pénal*, art. 471, n° 10. —Voy. plus bas à l'art. II, n° 146, 5°, l'arrêté de M. le Préfet relatif au *glanage*, *ratelage* et *albotage*, etc.

17° Les contraventions à l'ordonnance sur les *voitures publiques*; principalement en ce qui concerne les excédents de voyageurs sur l'impériale et l'excès de vitesse de ces voitures dans l'intérieur d'un lieu habité. *Ordonnance du* 28 *juillet* 1828, articles 14, 26 et 39; *Code pénal*, art. 475, n° 4.—Voir, sur ce point, la circulaire de M. le Préfet du 28 octobre 1833, *Recueil*, page 297.

18° Les *bruits* ou *tapages* injurieux ou nocturnes troublant la tranquillité des habitants. *Code pénal*, 479, n° 8.

(Contraventions résultant de l'inobservation des Arrêtés ou Règlements de police; *Voyez* plus bas, n° 145 et 146. — Constatation des contraventions de police, en général; *Voyez* plus haut, § 4, du *flagrant délit*, n° 57 bis).

Art. 2. — *Des Arrêtés et Règlements de Police des Maires, et des contraventions qui résultent de l'inobservation de ces Arrêtés.*

139. En ce qui concerne la police municipale, les maires n'ont pas seulement la mission de constater les contraventions prévues par les lois en vigueur, ils sont encore chargés de prendre des Arrêtés ou de faire des Règlements pour obliger les citoyens à faire ou à ne pas faire certaines choses dans l'intérêt de l'ordre public. On conçoit, en effet, qu'il était impossible au législateur de prévoir et de règlementer d'avance tous les objets intéressant la police des 37, 257 communes du Royaume. Il n'a dû que poser des principes et indiquer d'une manière générale les objets sur lesquels les maires pourraient exercer leur autorité règlementaire.

Quoique l'autorité administrative supérieure ait souvent l'occasion de rappeler à ces fonctionnaires les dispositions qui doivent leur servir de règle à cet égard, je ne crois pas inutile de transcrire ici les principales lois sur la matière, et de les faire suivre de courtes observations.

1° La Loi du 14 décembre 1789, dispose:

Art. 50. Les fonctions propres au pouvoir municipal sous la surveillance et l'inspection des assemblées administratives (aujourd'hui les *Préfets* et *Sous-Préfets*) sont:

De faire jouir les habitants des avantages d'une bonne police, notamment de la propreté, de la salubrité, de la sûreté et de la tranquillité dans les rues, lieux et édifices publics.

139 bis. 2° La Loi du 16-24 août 1790, titre XI :

Art. 1er. Les corps municipaux (aujourd'hui les maires, *Loi du* 28 *pluviôse an* VIII, art. 13 ; *Décret du* 4 *juin* 1806, art. 5), veilleront et tiendront la main, dans l'étendue de chaque municipalité, à l'exécution des lois et des Règlements de police.

Art. 3. Les objets de police confiés à la vigilance et à l'autorité des corps municipaux, sont :

1° Tout ce qui intéresse la sûreté et la commodité du passage dans les rues, quais, places et voies publiques ; ce qui comprend le nettoiement, l'illumination, l'enlèvement des encombrements, la démolition ou la réparation des bâtiments menaçant ruine, l'interdiction de rien exposer aux fenêtres, ou autres parties des bâtiments qui puisse nuire par sa chute, et celle de rien jeter qui puisse blesser ou endommager les passants, ou causer des exhalaisons nuisibles ;

2° Le soin de réprimer et punir les délits contre la tranquillité publique, tels que les rixes et disputes accompagnées d'ameutements dans les rues, le tumulte excité dans les lieux d'assemblées publiques, les bruits et attroupements nocturnes qui troublent le repos des citoyens ;

3° Le maintien du bon ordre dans les endroits où il se fait de grands rassemblements d'hommes, tels que les foires, marchés, réjouissances et cérémonies publiques, spectacles, jeux, cafés, églises, et autres lieux publics ;

4° L'inspection sur la fidélité du débit des denrées qui se vendent au poids, à l'aune ou à la mesure (*Ordonnance du* 17 *avril* 1839, art. 28), et sur la salubrité des comestibles exposés en vente publique ;

5° Le soin de prévenir, par des précautions convenables, et celui de faire cesser, par la distribution des secours nécessaires, les accidents et les fléaux calamiteux, tels que les incendies, les épidémies, les épizooties, en provoquant aussi dans ces deux derniers cas, l'autorité des administrations de département et de district (aujourd'hui les Préfets et Sous-Préfets) ;

6° Le soin d'obvier ou de remédier aux événements fâcheux qui pourraient être occasionnés par les insensés ou les furieux laissés en liberté, et par les divagations des animaux malfaisants ou féroces.

Art. 4. Les spectacles publics ne pourront être permis et autorisés que par les officiers municipaux.

139 ter. 3° La Loi du 19-22 juillet 1791, titre 1er :

Art. 30. La taxe des subsistances ne pourra avoir lieu dans aucune ville ou commune du royaume, que sur le *pain* et la *viande* de boucherie, sans qu'il soit permis, en aucun cas, de l'étendre sur le vin, sur le blé, les autres grains, ni autre espèce de denrées; et ce, sous peine de destitution des officiers municipaux.

Art. 46.... Le corps municipal (aujourd'hui le *maire*) pourra, sous le nom et l'intitulé de *délibération*, et sauf la réformation, s'il y a lieu, par l'administration du Département, sur l'avis de celle du District, faire des arrêtés sur les objets qui suivent :

1° Lorsqu'il s'agira d'ordonner des précautions locales sur les objets confiés à sa vigilance et à son autorité, par les articles 3 et 4 du titre XI du décret sur l'organisation judiciaire (Loi du 24 août 1790);

2° De publier de nouveau, les lois et règlements de police, ou de rappeler les citoyens à leur observation.

4° La Loi du 28 septembre 1791, ou le code Rural :

Titre 1er, Section 5, Art. 2... Dans les pays où le ban de vendanges est en usage, il pourra être fait à cet égard un règlement chaque année par le conseil général de la commune (le maire), mais seulement pour les vignes non clôses. Les réclamations qui pourraient être faites contre le règlement seront portées au directoire du département (au Préfet).

Titre II, art. 9. Les officiers municipaux veilleront généralement à la tranquillité, à la salubrité et à la sûreté des campagnes.

5° La Loi du 18 juillet 1837 :

Art. 2. Le Maire prend des arrêtés à l'effet :

1° D'ordonner les mesures locales sur les objets confiés par la loi à sa vigilance et à son autorité ;

2° De publier, de nouveau, les lois et règlements de police, et de rappeler les citoyens à leur observation.

Les arrêtés pris par les Maires sont immédiatement adressés au Sous-Préfet. Le Préfet peut les annuler ou en suspendre l'exécution.

Ceux de ces arrêtés qui portent règlement permanent ne seront exécutoires qu'un mois après la remise de l'ampliation constatée par les récépissés donnés par le Sous-Préfet.

140. Telle est la législation en vigueur sur les attributions des maires en matière d'arrêtés ou règlements de police ; il en résulte quelques principes sur lesquels je dois surtout appeler leur attention.

1° Le droit de faire des arrêtés ou règlements de police est conféré au maire seul ou à l'adjoint, ou au conseiller municipal qui les remplace. Si l'on trouve dans la loi du 24 août 1790, titre XI, art. 1er et 3, et dans celle du 22 juillet 1791, Titre 1er, art. 46, etc. les expressions de *corps municipal* et de *délibération*, c'est qu'à cette époque l'autorité municipale était confiée aux corps municipaux composés de plusieurs membres, qui devaient nécessairement délibérer; mais, depuis, la loi du 28 pluviôse an VIII, art. 13, et le décret du 4 juin 1806, art. 5, dont les dispositions ont été renouvelées par la loi du 14 juillet 1837, art. 14, ont confié aux maires *seuls*, l'administration et la police de la commune, de sorte qu'aujourd'hui les expressions de *corps municipaux*, etc., toutes les fois qu'il s'agit d'arrêtés ou de règlements de police, doivent être entendus du maire seul.

Les Conseils municipaux ne peuvent donc s'immiscer dans les arrêtés à prendre pour régler la police communale; ils peuvent seulement exprimer un vœu, à cet égard, comme sur tout autre objet d'intérêt local (*Loi du 14 juillet* 1837, art. 24), sauf aux maires à prendre ou non ce vœu en considération, suivant qu'ils le jugent à propos.

J'en excepterai, toutefois, le *parcours* et la *vaine pâture* (*dite loi*, art. 19, n° 8) qui sont compris au nombre des objets soumis aux délibérations des conseils municipaux.

141. — 2° Les articles 3 et 4, ci-dessus rapportés, de la loi de 1790, déterminent, avec assez d'étendue, les objets sur lesquels les maires peuvent faire des règlements de police; mais là, ne se bornent pas leurs pouvoirs, puisqu'ils peuvent, aux termes de l'article 46 de la loi de 1791, etc. publier de nouveau, les lois et règlements de police et rappeler les citoyens à leur observation.

142. — 3° L'article 11 de la loi du 14 juillet 1837, fixe l'époque à laquelle les arrêtés des maires portant règlement *permanent* sont exécutoires; il ne dit rien des arrêtés d'*urgence* ou spéciaux.

Il en résulte que ces arrêtés sont exécutoires à l'instant même où ils sont publiés dans la commune, et sauf au Préfet à user de son droit de les annuler ou de les suspendre. Il serait difficile de poser d'une manière bien précise les limites qui séparent les arrêtés *permanents*, des arrêtés *d'urgence* ou spéciaux. Ce qui distingue surtout ces derniers d'avec les arrêtés permanents, c'est que, le plus souvent, ils ne sont pris que relativement à un objet déterminé et pour répondre à un besoin du moment.

Ainsi, des Arrêtés qui prescrivent de *museler* les chiens pendant les grandes chaleurs; *d'enfouir* les bestiaux morts; de *démolir* un édifice qui menace ruine, etc., sont essentiellement des Arrêtés d'urgence et dont l'exécution doit suivre immédiatement la publication.

Les Arrêtés, au contraire, qui fixent l'heure de la *fermeture* des *lieux publics*; qui règlent la *police des Foires et Marchés;* qui prescrivent des *précautions à prendre pour éviter* les *Incendies*; qui règlent la *police des chemins Ruraux*, etc., sont permanents de leur nature, et ne peuvent être exécutés qu'un mois après la date du récépissé de l'Arrêté donné par le Préfet ou le Sous-Préfet.

Les Arrêtés que prend M. le Préfet en matière de police, et sur les autres objets confiés à son autorité, sont exécutoires au moment de leur publication, soit par l'insertion dans le Recueil de ses Actes administratifs, soit par l'Affichage sur les lieux. Voy. plus loin, n° 146.

143. *Registre des Arrêtés.* Lorsqu'un arrêté aura été définitivement rédigé et sera prêt à être publié, MM. les maires feront bien de le transcrire sur un registre spécial, afin de mieux se rendre compte des matières successivement réglées par des arrêtés de police, et de fournir aussi à leurs successeurs le moyen de bien connaître les précédents, sur une partie aussi importante de l'administration municipale.

144. *Sanction des arrêtés de police.* Les arrêtés en matière de police, émanés de l'autorité municipale ou de l'autorité départementale, ne peuvent prononcer aucune peine, mais ils trouvent leur sanction dans les articles 471, n° 15, et 474 du Code pénal, qui sont ainsi conçus:

471. Seront punis d'amende depuis un franc jusqu'à cinq francs inclusivement :

15° Ceux qui auront contrevenu aux règlements légalement faits par l'autorité administrative et ceux qui ne se seront pas conformés aux règlements ou arrêtés publiés par l'autorité municipale, en vertu des articles 3 et 4, titre XI, de la Loi du 16-24 août 1790, et de l'article 46, titre 1er, de la Loi du 19-22 juillet 1791.

474. La peine de l'emprisonnement, contre toutes les personnes mentionnées en l'article 471, aura toujours lieu, en cas de récidive, pendant trois jours au plus.

145. *Objets principaux à réglementer.* Comme on le voit, par les dispositions de la loi du 16-24 août 1790, les objets confiés à la vigilance et à l'autorité des maires, sont aussi nombreux que variés; et ce n'est pas sans dessein, comme je l'ai déjà dit (n° 139), que le législateur en a étendu la nomenclature; il prévoyait, en effet, que les règlements de police seraient surtout déterminés par les besoins de la localité ou de la population; qu'une chose permise, sans inconvénient, dans une commune, pourrait devoir être défendue dans une autre, etc., et qu'il fallait laisser à l'autorité municipale la latitude nécessaire à cet égard.

C'est donc à MM. les maires à se bien pénétrer des dispositions des art. 3 et 4, rapportés plus haut, de la loi de 1790, et de l'art. 46 de la loi de 1791, etc. qui sont comme leur charte en matière de police, et à bien étudier les besoins de la commune et de ses habitants, afin de ne prendre que des arrêtés véritablement utiles, ou de ne laisser aucun désordre, aucun abus sans répression.

Leur correspondance avec M. le Préfet devra, surtout, les éclairer sur ce point important, puisque, comme je l'ai dit au § 1er n° 3, c'est sous l'autorité et la surveillance de ce magistrat que les maires sont placés pour l'exercice de la police administrative ou préventive.

Je dois, cependant, ici appeler leur attention sur quelques objets qui, dans l'intérêt d'une bonne police, me paraissent devoir être réglés dans quelque commune que ce soit.

A cet égard, je les inviterai à prendre des arrêtés concernant:

1° L'heure de *l'ouverture* et de la *fermeture* des *lieux publics*, tels que: auberges, cabarets, cafés, billards etc. La défense aux cabaretiers, etc., de donner à boire à des personnes en état d'ivresse, et aux mineurs âgés de moins de 16 ans, etc. *Voir aux Modèles*, n° 26, le projet d'Arrêté sur la Police municipale.

La police des cabarets et autres lieux de ce genre, est, généralement, trop négligée dans les campagnes; les maires ne sauraient, cependant, dans l'intérêt de l'ordre, des bonnes mœurs et de la paix des ménages, l'exercer avec trop de vigilance et de fermeté. Telle querelle, telle rixe sanglante n'aurait pas eu lieu, si le cabaretier chez lequel on s'est battu, avait renvoyé les buveurs et fermé ses portes à l'heure destinée au repos; tel homme marié aurait porté exactement à sa femme et à ses enfants le produit de sa laborieuse journée; tel célibataire aurait continué une vie d'ordre et de probité, si des cabarets, ouverts à des heures indues, ne s'étaient présentés avec les amorces du jeu et de la débauche pour aigrir son caractère, exciter ses passions et, surtout, lui faire perdre l'habitude du travail et de l'économie. MM. les maires, en prenant, sur ce point, des arrêtés et en tenant la main à leur exécution, rendront un véritable service à leurs administrés (*Voy. la circulaire* du 20 janvier 1840, *Recueil*, p. 27, par laquelle M. le Préfet invite les maires à prendre des arrêtés pour prescrire la fermeture des cabarets).

Quant à la constatation des contraventions qui résultent de l'inobservation de ces règlements, il y a une remarque essentielle à faire. — Dans les communes où ces arrêtés existent, les maires, en général, font ou font faire les tournées d'auberges, etc., précisément à l'heure fixée pour la fermeture de ces établissements. Or, il arrive souvent que les buveurs, après s'être retirés, sur l'invitation de l'officier de police, attendent son départ, aux environs, pour rentrer ensuite dans le cabaret par une porte dérobée. La contravention demeure ainsi impunie, tout aggravée qu'elle soit par l'intervention de l'officier de police. Les tournées d'auberges doivent être faites après l'heure fixée par le règlement, afin de pouvoir déclarer procès-verbal aux débitants trouvés en contravention.

2° La surveillance des *foires* et *marchés* et *fêtes* communales ; la place que les marchands étalagistes doivent occuper sur-le-champ de foire, etc., et l'ordre qui doit être observé pour prévenir les accidents. V. *Modèle*, n° 26.

3° L'obligation de tout particulier *d'éclairer*, pendant la nuit, *les matériaux* qu'il aura ammoncelés ou les *excavations* qu'il aura pratiquées dans les rues, places et chemins publics; *Voyez ibid.*

4° L'injonction à tout propriétaire et locataire de faire *ramoner*, au moins deux fois l'an, les cheminées où l'on fait habituellement du feu, et à tous boulangers, aubergistes, etc., de les faire ramoner au moins une fois tous les trois mois. V. *Ibid.*

5° Les *précautions* à prendre pour prévenir les *incendies. Voyez ibid.*

6° L'injonction à tout ouvrier ou citoyen, en cas d'incendie ou d'inondation, de se rendre au lieu du danger, etc. *Voyez ibid.*

7° Les mesures nécessaires pour assurer la sûreté et la commodité du passage sur les chemins dits *chemins ruraux*. — Une circulaire de M. le Préfet du 13 décembre 1839, Recueil page 293, contient des instructions détaillées sur la police de ces chemins.

8° Les *chiens enragés*. — Le recueil de 1830, p. 364 et suiv. contient un modèle de l'arrêté que doivent prendre les maires concernant les chiens enragés; ces fonctionnaires n'auront, le cas y échéant, qu'à le transcrire sur leur registre, et qu'à le publier. Voy. plus haut, art. 1, n° 138, 9°, les dispositions du Code pénal sur la *divagation* des chiens, en général, et au n° 146, 3°, l'arrêté de M. le Préfet sur le même objet. V. aussi modèles n° 31.

9° Le *poids* et le *prix* du *pain* fabriqué par les boulangers.

Peu d'objets méritent la sollicitude de l'administration au même degré que celui-ci. Son importance, qui est immense dans les villes, est encore digne d'attention dans les campagnes : il est peu de communes rurales de cet arrondissement qui n'aient un boulanger; un certain nombre en possèdent plusieurs. Ce qui rend, surtout, l'intervention de l'autorité municipale nécessaire, dans le débit de cet aliment de première nécessité, c'est l'usage général qui s'est établi de l'acheter non au *poids*, mais à la *pièce*; c'est ensuite l'impossibilité d'attendre pour en acheter (comme lorsqu'il s'agit d'autres marchandises d'une nécessité moins urgente), la diminution d'un prix que la valeur de la matière première paraîtrait ne pas justifier. MM. les maires devront donc, par des arrêtés, déterminer, suivant les usages et les besoins de leur commune, le poids des différents pains, et leur prix, d'après la qualité des farines employées et le taux de la *mercuriale* du marché le plus voisin.

Le *prix* du pain se règle d'après le prix du grain, en calculant le nombre de kilogrammes de pain que doit rendre un hectolitre de blé réduit en farine, et en allouant aux boulangers une certaine somme par hectolitre, pour leur bénéfice et les frais de manutention.

A Tours, le *rendement* moyen d'un hectolitre de blé a été calculé sur le pied de 12 pains de 6 kilogrammes chacun. Le bénéfice accordé au boulanger est de 4 centimes par kilogramme de blé; ce qui fait 3 fr. pour un hectolitre dont le poids serait de 75 kilogrammes. MM. les maires peuvent adopter ces données que M. le maire de Tours a obtenu au moyen d'un très-grand nombre d'expériences contradictoirement faites avec les syndics de la boulangerie de cette ville (*Réglement sur la boulangerie de Tours*, du 1er juin 1838); seulement il y aura une légère diminution à opérer sur la somme à allouer pour les bénéfices, etc. les frais de loyer, de chauffage, etc., étant un peu moins élevés dans les communes rurales. *Voyez* pour le détails, les *Modèles* nos 27 et 28.

Quant au *poids* du pain, il se règle d'après l'usage de la localité. A Tours et dans l'arrondissement, le pain, à moins qu'il ne se vende au poids, se débite généralement par pains de 6 kilogrammes, de 3 kilogrammes, et de 1 kilogramme 1/2. Au-dessous de ce dernier poids le pain est qualifié pain de *luxe* ou de *fantaisie*, et cesse d'être pesé et par conséquent assujetti à la taxe (voy. *Modèles*, n° 28).

145. bis. *Marchandises qui se vendent à la pièce ou au paquet.* — Ces observations me conduisent à inviter MM. les maires à surveiller aussi la fidélité du débit des marchandises qui, étant fabriquées au *moule* ou à la *forme*, se vendent à la *pièce* ou au *paquet*, comme correspondant à un poids déterminé; telles que les *pains* (Voy. ci-dessus), les bougies, les *chandelles* et autres semblables (*Ordonnance du* 18 décembre 1825, art. 27). La fraude est très-facile sur ces derniers objets, dont, notamment, on peut diminuer le poids, en les rognant par le pied. Les maires doivent les faire peser fréquemment pour connaître si chaque paquet ou chaque pièce est du poids que lui assigne l'usage général, et dresser procès-verbal contre le marchand lorsqu'il y a une diminution notable.

145 ter. *Spectacles publics.* — Les maires des communes rurales ont rarement l'occasion d'appliquer les dispositions de la loi (*Loi du* 24 *août* 1790, titre XI, art. 4; voyez ci-dessus page 121) qui soumet les *spectacles publics* à leur autorité. Cependant lors des foires ou des fêtes communales, il peut arriver que des *baladins*, des *saltimbanques*, des possesseurs de *spectacles* dits *de curiosités*, etc., viennent momentanément s'établir dans la commune. Ils ne pourront y exercer leur profession quelle qu'elle soit, tant dans l'intérieur d'un bâtiment que sur la voie publique, sans en avoir préalablement obtenu l'autorisation du maire. Cette autorisation doit être accordée par écrit et contenir, suivant les circonstances, des détails propres à faire reconnaître si le Directeur du spectacle s'y est exactement conformé.

Mais ces autorisations ne doivent être délivrées qu'en connaissance de cause, autrement elles deviendraient une vaine formalité. Les maires ne devront pas en accorder avant de s'être fait remettre des Programmes ou des descriptions détaillées des représentations et s'être assurés que les objets, explications, discours, proposés à la curiosité publique n'ont rien de contraire au respect dû à la religion et aux lois, aux bonnes mœurs, à l'ordre et au gouvernement du Roi. Ils veilleront soigneusement à ce que les conditions qu'ils auront imposées à cet égard soient exactement remplies, afin de constater les contraventions, d'en déférer les auteurs à la justice et surtout de retirer immédiatement l'autorisation dont on aurait abusé. *Circulaire du Ministre de l'Intérieur* du 10 octobre 1829. Voy. Modèles n° 26, art. 6.

146. *Arrêtés de M. le Préfet en matière de police municipale.* Une partie des objets dont je viens de parler a déjà été réglée par divers Arrêtés de M. le Préfet insérés dans le Recueil des actes administratifs. Les maires n'auront qu'à en surveiller l'exécution ou à les publier de nouveau dans leurs communes. A cet effet, je leur rappellerai ici l'objet et la date des plus importants de ces Arrêtés (voir pour les attributions préfectorales en cette matière, le Décret du 22 décembre 1789, section III; l'Instruction du 12 août 1790, chapitre VI, etc.)

1. *Aubergistes, Hôteliers; Registre destiné à inscrire les voyageurs.* —Arrêté du 2 juin 1832, Recueil, page 134, qui enjoint à tout aubergiste et hôtelier d'ouvrir un registre coté et paraphé par le maire, et destiné à contenir *de suite* et sans aucun blanc la désigna-

tion des voyageurs reçus chez l'aubergiste etc. d'après leurs passe-ports. Voy. Modèles n° 29.

Barrages. Voy. ci-après *Cours d'eau*.

Chemins Ruraux. Voy. plus haut, page 127, n° 7.

2. *Chemins Vicinaux*. — Arrêté du 10 juin 1837, portant règlement pour les chemins Vicinaux du département; Recueil, pages 125 à 248. Voy. Loi du 21 mai 1836.

MM. les maires devront avoir, fréquemment, sous les yeux cet Arrêté qui est un code complet de leurs droits et de leurs devoirs sur ce point si important des attributions municipales. En ce qui me concerne plus particulièrement, j'appellerai surtout leur attention sur les Art. 95, 96, 102, 104, 105, 109, 111 et 112 de ce règlement qui sont relatifs à la *police des chemins vicinaux*.

Des Instructions postérieures ont rappelé les maires à l'observation de l'Arrêté fondamental du 10 juin 1837. Les principales sont: — 1° celle du 29 mai 1839, Recueil, page 145, sur la *compétence* en ce qui concerne les contraventions commises à l'égard des chemins vicinaux. D'après l'ordonnance du Roi du 23 juillet 1839, les procès-verbaux constatant des *anticipations* ou *usurpations* sur des chemins vicinaux doivent être adressés directement à M. le Préfet. Pour les procès-verbaux qui sont relatifs aux autres contraventions, telles que les *dégradations*, les *encombrements* des chemins, leur *égasonnement*, le défaut *d'élagage* des arbres riverains, etc., ils doivent toujours être adressés aux maires ou aux commissaires de police des chefs-lieux de canton, toutes ces infractions étant du ressort des tribunaux de simple police.

2° l'Instruction du 9 octobre 1839, *Recueil*, page 237, qui recommande l'exécution des articles 95 et 103 du règlement sur les *constructions et plantations riveraines* des chemins vicinaux etc., et qui explique le droit attribué, par la loi, aux Préfets, de règlementer les plantations de ces chemins, etc.

3°. Celle du 13 novembre 1839, p. 262, relative aux *Alignements* des mêmes chemins, etc.

3. *Chiens* (divagation des) *sur la voie publique. Chiens des pâtres ou bergers*; chiens de *Bouchers* etc. --- Arrêté du 6 novembre 1830, Recueil, page 366, qui règle la police de ces sortes de chiens. Voy. aussi la circulaire du 11 mai 1840, p. 153.

4. *Cloches* (*sonnerie des*). — Arrêté du 8 pluviôse an XI, souvent rappelé depuis, qui défend, article 13 (*Recueil* de 1838, page 161), de sonner les cloches pendant les orages. Voy. *Recueil*, 1839, p. 163.

5. *Cours d'eau*; *Barrages, constructions*, etc. — Arrêté de M. le Préfet du 20 mars 1835 (*Recueil*, page 134) qui défend les constructions etc. Voy. pour les détails ci-devant, § 4, du *flagrant délit*, n° 48 bis, page 51.

Dragées, v. ci-après *Liqueurs*.

6. *Echenillage*, voy. plus haut, *contraventions prévues par la loi*, n° 3, page 114.

7. *Elagage* des *arbres* et *haies*, plantés sur le bord des routes royales et départementales. -- Arrêté du 11 décembre 1830 (*Recueil*, p. 418); circulaire du 24 décembre 1830, Rec. p. 434.

8. *Glanage*, *Ratelage*, *Grapillage*, *Albottage*. — Arrêté du 28 juin 1808, renouvelé le 12 octobre 1830 (*Recueil* p. 323), qui défend de *glaner*, *rateler*, etc. hors certaines conditions.

9. *Liqueurs*, *sucreries*, *dragées*, *pastillages coloriés*. — Arrêté du 30 décembre 1839, (*Recueil*, p. 318), qui défend d'employer des substances minérales pour colorier ces marchandises et les papiers qui leur servent d'enveloppe.

Logeurs, v. ci-dessus, *Aubergistes*.

10. *Mendiants.* — Arrêté du 15 novembre 1830 (*Recueil* p. 373), sur les mendiants *valides* et *invalides*; sur les *autorisations* de mendier qui ne peuvent être délivrées qu'à ces derniers, etc. Circulaire du 16 juin 1832 (*Rec.* p. 183), sur les mendiants valides.

Idem. Arrêté du 7 décembre 1839 (Recueil, p. 285), qui défend aux *mendiants*, *marchands de fruits*, etc. de stationner autour des *voitures* de poste et des *voitures publiques* aux lieux des relais, aux bureaux des diligences, aux auberges, etc. Voyez aussi la circulaire du 10 février 1840, p. 76, sur les vagabonds étrangers.

11. *Mulets* et *bêtes de somme* destinés à l'exploitation *des Forges.* — Arrêté du 26 novembre 1839 (Rec. p. 277), qui règle la police de ces animaux.

12. *Plaques des voitures* de *Roulage.* — Arrêté du 10 octobre 1836, Recueil, p. 250; voy. ci-dessus § 2, *de la compétence*, page 19, n° 6.

Routes royales et départementales, v. ci-dessus Elagage.

Sucreries, v. ci-dessus Liqueurs.

Art. 3. *De la compétence et des fonctions des Maires comme Juges de police.*

147. Les Maires des communes non chefs-lieux de canton, peuvent connaître, comme juges, de certaines contraventions de police. Il est nécessaire pour qu'ils soient compétents, — 1° que la contravention ait été commise dans l'étendue de leur territoire par des personnes prises en flagrant délit, ou qui résident dans la commune ou qui y sont présentes; — 2° que les témoins y soient aussi résidents ou présents; — 3° que la partie réclamante conclue, pour ses dommages-intérêts, à une somme déterminée qui n'excède pas 15 fr. *code d'Inst. crim.* art. 166.

Ces fonctionnaires ne peuvent connaître des contraventions de police réservées aux juges de paix du canton par l'art. 139 du même code.

Le maire donne son audience dans la maison commune; il y entend publiquement les parties et les témoins. *Id.* art. 171.

Le ministère public est exercé, auprès de lui, par l'adjoint, et, en cas d'absence ou d'empêchement de l'adjoint, par un membre du conseil municipal, désigné, à cet effet, par le Procureur du Roi, pour une année entière. *Id.* art. 167.

Les fonctions de greffier y sont remplies par un citoyen proposé par le maire et qui prête serment, en cette qualité, devant le tribunal correctionnel. Ce greffier reçoit, pour ses expéditions, les émoluments attribués aux greffiers des juges de paix. *Id.* art. 168.

Le ministère des huissiers n'est pas nécessaire pour appeler, devant le maire, les parties et les témoins; il suffit d'un simple avertissement, sans frais, de ce magistrat qui fait connaître au défendeur le *fait* dont il est inculpé, le *jour* et *l'heure* où il doit se présenter; et qui indique également aux témoins le moment où leur déposition sera reçue. *Id.* art. 169 et 170.

148. Sont, au surplus, observées, par les maires, siégeant comme juges de police, les dispositions des art. 149 à 160 du *code d'Inst. criminelle*, concernant :

1° Les jugements par défaut; *Idem*, art. 149;

2°. Les oppositions à ces jugements; *Idem*, art. 150 et 151;

3° L'Instruction de l'affaire à l'audience; *Idem*, art. 153;

4° La preuve des contraventions; *Idem*, art. 154;

5° Le serment et les dépositions des témoins; *Id.* art. 155;

6° Les témoins défaillants et leur condamnation à l'amende; *Id.* art. 157 et 158 ;

7° Les personnes qui, pour cause de parenté, ne peuvent être entendues en témoignage; *Id.* art. 156;

8° Les cas où l'acquittement du prévenu doit être prononcé; *Idem*, art. 159;

9° La condamnation du même et le prononcé sur les demandes en dommages-intérêts; *Id.* art. 161;

10° Le cas où le juge de police doit déclarer son incompétence; *Id.* art. 160;

11° La condamnation aux frais et la liquidation des dépens; *Id.* art. 162;

12° La signature de la minute du jugement par le juge et son greffier; *Id.* art. 164;

13° Enfin l'exécution du jugement par la partie civile et la partie publique; *Idem*, art. 165.

Par un oubli inexplicable, les quatre derniers articles que je viens de citer (161, 162, 164, 165), n'ont pas été déclarés applicables à la juridiction des maires siégeant comme juges de police, ainsi que le Code l'a fait (art. 171) pour les 10 articles précédents (149 à 151, 153 à 160) ; mais la force des choses veut que les dispositions de ces articles 161 etc., soient également observées dans cette juridiction. En l'absence de ces dispositions, en effet, le maire ne pourrait prononcer aucune *peine* contre le prévenu déclaré coupable; il ne pourrait le condamner aux *frais* ; ses jugements seraient dépourvus du caractère d'authenticité que leur donne la signature, et, enfin, ce qui est plus absurde encore, ils demeureraient privés *d'exécution.*

Les cas où les parties peuvent se pourvoir contre les jugements du maire, c'est-à-dire, la voie de l'Appel et celle de la Cassation, sont réglés par les articles 172 177 et 373 du code.

Il en résulte, ou plutôt de la jurisprudence de la Cour de cassation qui les a interprétés, que l'officier municipal remplissant les fonctions du ministère public ne peut jamais interjeter appel des jugements du maire ; ce droit n'appartient qu'au *prévenu* ou qu'à la *partie* qui a réclamé des dommages-intérêts.

Le ministère public ne peut que se pourvoir en cassation contre ces jugements qui sont toujours en dernier ressort à son égard.

L'appel une fois interjeté est suspensif, c'est-à-dire que le jugement attaqué ne peut être exécuté tant que l'appel n'a pas été jugé. *Id.* art. 173.

Enfin, au commencement de chaque trimestre, le maire envoie au Procureur du Roi l'extrait de ses jugements du trimestre précédent, qui auraient prononcé la peine de l'emprisonnement. *Idem.* art. 178.

149. Si j'ai résumé si succinctement les règles relatives aux attributions des maires comme juges de police, c'est que presque partout ces dispositions sont tombées en désuétude. Dans l'usage, les maires se bornent à constater ou faire constater les contraventions de police, dont ils pourraient connaître comme juges, et laissent au maire ou au commissaire de police de la commune chef-lieu et au juge de paix le soin de les poursuivre et de les juger.

Je n'ai pas vu, jusqu'à présent, qu'il fût résulté rien de fâcheux de cet état de choses. Dans la plupart des cantons, les communes ne sont pas tellement éloignées du chef-lieu que les parties et les témoins soient obligés à un déplacement onéreux pour se rendre devant le juge de paix. — Les communes non traversées d'une grande route fournissent, d'ailleurs, peu d'affaires au tribunal de simple police. Il n'y aurait donc d'avantage réel à ce que le maire jugeât lui-même, en simple police, que dans les communes très-distantes du chef-lieu et dont la population agglomérée serait considérable. Or, il y a bien peu de cantons en France où il se trouve, indépendamment de la commune chef-lieu, et à un certain éloignement de cette dernière, une commune d'une population agglomérée, égale à celle-là ou plus importante.

Je ne vois donc aucun inconvénient à ce que, comme par le passé, la connaissance des contraventions de police soit exclusivement réservée aux juges de paix; ces magistrats, les officiers du ministère public, les greffiers qui leur sont attachés, ont infiniment plus d'habitude de ces sortes d'affaires, et, enfin, cette manière de procéder n'est nullement contraire à la loi, puisque les juges de paix ont le droit de connaître, sauf la concurrence des maires, dans certains cas, de toutes les contraventions de police commises dans leur canton. *Code d'inst. crim.* art. 140.

§ XVIII.

DE LA SURVEILLANCE DES CONDAMNÉS LIBÉRÉS.

150. Lorsqu'un condamné est placé sous la surveillance de la haute police, le gouvernement a le droit de déterminer certains lieux dans lesquels il lui est interdit de paraître, après avoir subi sa peine. Ces lieux exceptés, le condamné peut fixer sa résidence où bon lui semble; seulement il est tenu de se présenter, dans les 24 heures de son arrivée, devant le maire de la commune qu'il a choisie, et il ne peut changer de résidence sans avoir indiqué, trois jours à l'avance, à ce fonctionnaire le lieu qu'il se propose d'aller habiter et sans en avoir reçu une nouvelle feuille de route ou un nouveau passe-port. *Code pénal*, art. 44.

La désobéissance à ces dispositions constitue le délit de *rupture de ban*. *Id.* art. 45.

Il résulte de ces textes que MM. les maires doivent tenir l'autorité supérieure, c'est-à-dire le Préfet et le Procureur du Roi, au courant des faits de désobéissance des condamnés placés sous la surveillance de la haute police.

L'action qu'ils exercent, à cet égard, participe, à la fois, de la police administrative et de la police judiciaire.

De la police administrative, lorsqu'ils surveillent les démarches du condamné libéré ou lorsqu'ils lui délivrent un nouveau passe-port pour changer de résidence;

De la police judiciaire, lorsqu'ils constatent le départ du surveillé, et l'omission par lui commise des formalités que prescrit l'article 44 du Code pénal.

Les maires sont toujours informés d'avance par l'autorité administrative et spécialement par M. le Préfet, de l'arrivée des libérés, qui ont choisi leur commune pour y rester en surveillance.

De leur côté, pour pouvoir avertir, soit ce magistrat,

soit le Procureur du Roi du départ des surveillés, qui auraient quitté furtivement leur commune, il est nécessaire que les maires se tiennent exactement au courant des démarches de ces condamnés. Toutefois, ils ne sauraient apporter trop de ménagements et de discrétion, dans l'exercice de cette partie de leurs fonctions.

151. *Secret à garder aux surveillés.* Si la surveillance est un pouvoir que la loi a dû confier au gouvernement pour garantir la société des entreprises des condamnés libérés les plus dangereux, on ne peut se dissimuler que son exercice ne soit souvent un obstacle à l'amendement de ceux de ces malheureux qui voudraient revenir au bien. Une triste expérience démontre que beaucoup de maîtres refusent d'employer les individus qu'ils savent être sous la surveillance de la haute police; que les ouvriers, eux-mêmes, ne veulent pas travailler avec des libérés dans cette position. Il est donc nécessaire qu'un maire garde, en général, le secret aux surveillés qui habitent sa commune. En agir ainsi, c'est leur permettre de trouver du travail, et c'est là le moyen le plus efficace de les empêcher de se livrer à de nouveaux écarts.

D'après les instructions du Ministre de l'intérieur, sur l'exécution de l'article 44 du Code pénal, les surveillés ne sont plus assujettis à se représenter périodiquement à l'autorité municipale. En un mot, il faut qu'ils soient toujours connus de l'administration, mais, autant que possible, qu'ils restent inconnus du public.

Des circulaires de M. le Préfet, insérées dans le Recueil, contiennent les instructions les plus détaillées sur ces divers points. MM. les maires devront fréquemment les avoir sous les yeux. Voy. Recueil de 1833, p. 63 et 225 à 230; de 1834, p. 218; de 1835, p. 56.

152. *Passe-ports à délivrer aux condamnés libérés.* Lorsqu'un condamné veut changer de résidence, le maire de la commune lui délivre un passe-port, avec itinéraire obligé, pour le lieu où il veut aller résider, ou bien, vise, avec la même précaution, le passe-port du condamné, lorsque cette feuille n'est pas surannée.

Plusieurs circulaires de M. le Préfet et entre autres celle du 25 février 1835, page 56, tracent aux maires les règles qu'ils doivent observer pour la délivrance des passe-ports aux condamnés libérés. Je leur rappellerai à ce sujet, d'après ces instructions :

1° Qu'ils ne doivent délivrer de passe-ports *gratuits* qu'aux condamnés dépourvus de moyens de subsistance ;

2° Qu'il faut toujours inscrire, en tête du passe-port, la lettre initiale qui doit servir à faire connaître la position du condamné, savoir :

Un F pour les forçats libérés ;

Un R pour les réclusionnaires;

Et un C pour les condamnés correctionnels, *vagabonds* et autres, qui sont sous la surveillance;

3° Que l'on doit refuser à ces trois classes d'individus toute délivrance de passe-port ou feuille de route ou visa pour les villes ou départements ci-après désignés, dont le séjour a été interdit par le gouvernement à tous les condamnés placés sous la surveillance de la haute police, en vertu de l'art. 44 du Code pénal, savoir :

Les Villes de :

Circul. du 25 février 1840, page 93.

Circulaire du 2 août 1833, Recueil, page 235.

Aix,
Bordeaux,
Brest, et Lambezellech,
Cherbourg,
Lille,
Lorient,
Lyon, et les communes de La Guillotière, La Croix-Rousse, Vaise et Calvire (Rhône).
Marseille,
Nantes,
Paris et les communes du départ. de la Seine,
Rochefort,
Strasbourg,
Toulon.

Les Arrondissements de :

Id. du 1er juillet 1836, page 143 ; 12 *octobre* 1837, pag. 147.	Château-Thierry (Aisne) ; Compiègne, (Oise) ; Fontainebleau (Seine-et-Marne) ; Senlis (Oise) ; Versailles (Seine et Oise).

Les Départements de :

Id. 13 *septemb.* 1835, page 201. *et* 25 *février* 1840, p. 93.	Les Hautes-Pyrénées, Les Basses-Pyrénées, Les Pyrénées Orientales, Les Landes, La Haute Garonne, L'Arriège.
Circul. du 25 *février* 1840, pag. 93.	Seine et Marne. Seine et Oise.

§ XIX.

DE LA TAXE ET DU PAIEMENT DES FRAIS URGENTS.

153. Le plus ordinairement les frais de justice criminelle sont acquittés sur la taxe et le mandat, soit du Juge de paix, soit du Président du tribunal de 1ère instance, soit du Président de la cour d'Assises, suivant celle de ces juridictions devant laquelle les frais ont été faits.

Il peut arriver, cependant, que quelques-uns de ces frais soient acquittés sur la taxe et le mandat d'un maire, lorsqu'il agit en cas de délit flagrant, comme officier de police judiciaire, auxiliaire du Procureur du Roi. En effet, les maires (et adjoints) peuvent, dans ce cas, faire payer, comme *frais urgents*, sous leur propre responsabilité et à la charge d'en faire connaître le motif, les indemnités réclamées par les personnes dont ils ont requis les services, — 1° si ces personnes ne sont pas, habituellement, employées par les magistrats, ou si elles ne sont pas dans l'usage de présenter des mémoires (*Décret du* 18 *juin* 1811, art. 133 ; *décision du Ministre de la justice*, du mois d'août 1813); — 2° Et, avant tout, si le besoin qu'elles ont de leur salaire est tellement urgent, qu'elles ne puissent attendre que la taxe en ait été faite, soit par le Juge d'instruction saisi de l'affaire, soit par le Procureur du Roi, lorsqu'une information régulière n'a pas été requise.

Le Décret de 1811, art. 134, qualifie, entre autres, de *frais urgents*, toutes dépenses relatives à des fournitures ou opérations pour lesquelles les parties prenantes ne sont pas habituellement employées.

Ce décret ne spécifie pas les fournitures et opérations qui doivent être considérées comme frais urgents ;

j'indiquerai ici celles qui peuvent se présenter le plus fréquemment dans l'usage. Cette indication est aussi répétée dans les modèles; j'y ai placé après les réquisitoires qui concernent des fournitures ou opérations considérées comme *frais urgents*, les taxes que les maires peuvent faire du salaire des personnes qu'ils ont employées.

154. MM. les maires peuvent taxer, comme compris dans les frais urgents :

1° Les ouvriers qui auront fait, sur leur ordre, un travail quelconque; par exemple qui auront extrait un cadavre d'une rivière, d'une mare, ou d'un puits etc.; qui auront fouillé un terrain pour y retrouver des objets cachés, etc. *Modèles*, n° 4.

2° Un voiturier pour le transport d'un prévenu ou de pièces de conviction; *Id.* n° 10.

3° Un serrurier, employé pour ouvrir une maison ou des meubles fermés; *Id.* n° 8.

Le salaire des travaux exécutés, ou le prix des fournitures faites est arbitré équitablement par le maire, d'après les usages des lieux et en tenant compte de l'heure et de la saison, auxquelles les travaux ont été faits, etc. *Instruction générale sur les frais de justice criminelle*, 1826; *Modèle*, n° 10.

Un double de la taxe faite est ensuite joint au procès-verbal pour que le montant de la dépense puisse être compris, à la fin du procès, dans l'état de liquidation des frais. *Instr. générale*, n° CXVI.

MM. les maires ne devront, je le répète, taxer, eux-mêmes, les personnes que je viens d'indiquer, que en cas d'urgence et de nécessité absolue. Une affaire dans laquelle ces fonctionnaires auront informé, peut présenter telle circonstance qui mette les frais faits à la charge du Ministère de l'Intérieur ou même de la commune, plutôt qu'à celle du Ministère de la Justice. Il y a, à cet égard, des distinctions à faire, qui demandent de l'habitude, et faute desquelles la taxe du maire pourrait n'être pas acquittée par l'Enregistrement. Il vaudra donc mieux, en général, que les maires m'envoient, avec leurs procès-verbaux, les réquisitoires adressés par eux pour les travaux ou fournitures opérés. Ils y joindront une note sur la somme qu'ils estiment devoir être allouée; je ferai taxer ou taxerai moi-même, s'il y a lieu, les frais d'après cette base, et leur renverrai la taxe pour être remise aux parties prenantes.

§ XX.

DE LA CORRESPONDANCE EN FRANCHISE ET DES CONTRESEINGS.

153. Les maires et à leur défaut les adjoints peuvent correspondre *en franchise*, sous bandes, avec un assez grand nombre de fonctionnaires et dans l'étendue de certaines circonscriptions. J'indiquerai ici ceux de ces fonctionnaires avec lesquels les besoins du service mettent, le plus fréquemment, les maires en rapport.

FONCTIONNAIRES auxquels la correspondance des Maires est remise en franchise.	CIRCONSCRIPTION dans l'étendue de laquelle elle circule valablement.
Agents-voyers en chef (les).	Le département.
— d'arrondissement (les).	L'arrondiss[t]. de sous-préfecture.
— de canton (les).	idem idem.
Archevêques et Evêques (les).	Le diocèse.
Colonel, chef d'état-major de la division (le).	La division militaire.
Commandant du dépôt de recrutement (le)	Le département.
Conservateurs des forêts (les).	La conservation forestière.
— des hypothèques (les).	L'arrondiss. de sous-préfecture.
Contrôleurs des contributions directes (les).	Idem.
Curés (les).	Idem.
Directeurs des contributions directes (les).	Le département.
— des postes (les).	L'arrondiss. de sous-préfecture.
Evêques, *v.* Archevêques.	
Gardes à cheval des forêts (les).	La conservation forestière.
— généraux des forêts (les).	Idem.
Ingénieurs des ponts et chaussées chargés du service des chemins vicinaux (les).	Le département.

Inspecteurs des contributions directes (les).	Le département.
Inspect. des écoles primaires (les).	Idem.
— des finances (les).	Tout le royaume.
— des forêts (les).	La conservation forestière.
— des postes (les).	Le département.
Instituteurs et Institutrices des Ecoles primaires (les).	L'arrondiss. de sous-préfecture.
Intendants militaires (les).	Tout le royaume.
Juges d'Instruction (les).	L'arrondiss. de sous-préfecture.
Juges de paix (les).	Le canton.
Lieutenant général commandant la division (le).	La division militaire.
Maires (les).	L'arrondiss. de sous-préfecture.
Maréchal de camp commandant la subdivision militaire (le).	La subdivision militaire ou le département.
Officiers de gendarmerie (les).	Tout le royaume.
Préfet (le).	Le département.
Premier Président de la Cour Royale (le).	Le ressort de la Cour Royale.
Présidents des comités d'arrondissement d'instruction primaire (les).	L'arrondiss. de sous-prefecture.
Présidents des comités communaux d'instruct. primaire (les).	Idem.
Président de la Cour d'Assises (le).	Le département.
Procureur général à la Cour Royale (le).	Le ressort de la Cour Royale.
Procureur du Roi près la Cour d'Assises (le).	Le département.
Procureur du Roi près le tribunal de première instance (le).	L'arrondiss. de sous-préfecture.
Receveurs de l'enregistrement et des domaines (les).	Idem.
Recteur de l'Académie (le).	L'arrondissement académique.
Sous-Intendants militaires (les)	Tout le royaume.
Sous-Préfet (le).	L'arrondiss. de sous-préfecture.
Vérificateurs de l'enregistrement et des domaines (les).	Le département.
Vérificateurs des poids et mesures (les).	L'arrondiss. de sous-préfecture.

La franchise avec ces fonctionnaires est réciproque, ce qui veut dire que les lettres, régulièrement contresignées, des maires à ces divers fonctionnaires et celles qu'ils en reçoivent parviennent également franches de port. — *Manuel des franchises de l'Administration des postes;* janvier 1839.

136. Tous les paquets expédiés en franchise doivent être disposés de manière que les bandes contresignées n'excèdent pas en largeur le tiers de la surface des paquets.

Lorsqu'il s'agit d'affaires confidentielles ou de pièces de quelque importance concernant :

1. Le Procureur général près la Cour Royale,
2. Le Procureur du Roi de Tours, siége de la Cour d'Assises du département,
3. Le Procureur du Roi du tribunal de leur arrondissement,

Les maires peuvent et doivent écrire sous enveloppe fermée. Ils mettront sur l'adresse à l'un des coins : *Il y a nécessité de fermer.* Et au-dessous : *Le maire de la commune* de....

Ils sont encore autorisés à écrire au *Sous-Préfet* de leur arrondissement et à M. le *Préfet* par lettres *simples*, c'est-à-dire par lettres pesant moins de 7 grammes et demi, simplement pliées et cachetées, sans addition ni de pièces jointes, ni d'enveloppes extérieures, à la charge par eux, d'inscrire sur l'adresse ces mots : *lettre confidentielle,* et d'énoncer au-dessous, leur qualité, suivie de leur signature. *Manuel des franchises,* etc.

Ils ne devront pas perdre de vue qu'il est défendu de comprendre dans les dépêches expédiées en franchise, des lettres, papiers ou objets quelconques étrangers au service.

En cas de suspicion de fraude ou d'omission d'une seule des formalités prescrites, les préposés des postes sont autorisés à taxer les lettres et paquets en totalité, ou à exiger que le contenu en soit vérifié en leur présence par les destinataires.... Les lettres étrangères au service sont soumises à la double taxe; si elles sont refusées par les destinataires, elles seront renvoyées au fonctionnaire qui aura donné son contre-seing, et qui sera *tenu* d'en acquitter le double port. *Ordonnance du 14 décembre* 1825, art. 12.

Tels sont, Messieurs, les documents et les conseils que j'ai cru devoir réunir en ce qui concerne vos fonctions d'officiers de police judiciaire, auxiliaires du Procureur du Roi. J'espère que, dans plus d'une circonstance, vous pourrez y puiser d'utiles indications et donner, ainsi, par une action, en même temps énergique et prudente, de nouvelles preuves de votre amour du bien public. Pour moi, vous me trouverez toujours prêt à vous seconder dans l'exercice de ce pouvoir à la fois répressif et protecteur, de cette magistrature paternelle, qui assignent aux Administrations Municipales une place si importante dans notre ordre social.

Agréez, Messieurs, l'assurance de ma considération la plus distinguée.

LE PROCUREUR DU ROI,

CH. BERRIAT SAINT-PRIX.

Tours, ce 15 août 1840.

XXI.

FORMULES OU MODÈLES DE PROCÈS-VERBAUX, RÉQUISITOIRES, TAXES, ETC.

FORMULE, N° 1er (Instruction, page 36).

Procès-verbal dressé par un Maire, en cas de Crime flagrant.

Aujourd'hui..... Mai 184..., à.... heures du matin, devant nous Maire de la commune de officier de police judiciaire, auxiliaire de M. le Procureur du Roi, s'est présenté le sieur Jean Bernard, âgé de 45 ans, propriétaire en cette commune, au lieu dit lequel nous a fait la déclaration suivante :

(*Plainte*).— Ce matin, vers six heures, nous sommes allés, ma femme, mes filles et moi à notre champ, distant d'environ un kilomètre de notre maison. Avant de sortir, ma femme a fermé notre armoire et mis la clef dans sa poche; elle a fermé ensuite avec soin la porte de la maison et a mis la clé sous une tuile du toit-à-porc, qui est à côté, et où nous la plaçons ordinairement, pour que celui d'entre nous qui revient le premier des champs puisse rentrer sans attendre les autres. Vers dix heures, ma femme est retournée à la maison, pour nous faire à dîner. Elle a trouvé la clé à l'endroit où elle l'avait mise; la porte était fermée comme auparavant. Mais en entrant dans la maison, ma femme a vu la plus grande partie de notre linge épars dans le milieu de la chambre ; notre armoire était ouverte et la serrure arrachée; ne doutant pas alors que nous n'eussions été volés, elle a fermé la porte d'entrée et elle est accourue me prévenir. De retour, tous les deux chez nous (mes filles étaient d'un autre côté à garder leurs bestiaux) et après avoir visité nos effets, nous avons reconnu qu'on nous avait volé : 1° une somme de

116 fr.; savoir 95 fr. en pièces de 5 fr.; 18 fr. en pièces de deux francs, de 1 fr. et de 50 centimes, et le reste en monnaie de cuivre; 2° la croix d'or de ma femme; 3° une paire d'agrafes de manteau, en argent; 4° deux chemises à moi, marquées des lettres J. B. et une troisième à ma femme, marquée des mêmes lettres.

Je soupçonne le nommé Bertrand, mon plus proche voisin, de s'être rendu coupable de ce vol. Lui et sa femme connaissaient parfaitement l'endroit où nous mettions la clé de notre maison; lui-même savait aussi que j'avais de l'argent en ma possession, car, avant hier samedi, revenant du marché, je suis entré à... dans le cabaret du sieur... avec le nommé Durand, boucher à...... à qui j'avais vendu deux porcs, pour la somme de 80 francs, qu'il m'a payée, dans le cabaret, devant tout le monde. Bertrand, qui était présent, a bien vu compter l'argent, car il m'a fait des plaisanteries à ce sujet, et même il m'a emprunté 1 franc, pour payer sa dépense, n'ayant pas d'argent sur lui.

Ce matin, quand nous avons quitté la maison, pour aller aux champs, la femme de Bertrand était derrière la haie de son jardin, d'où l'on découvre en entier notre porte; et là, elle avait l'air d'épier notre sortie. — Mes filles m'ont dit que Bertrand qui, pour aller à son champ, était obligé de passer devant celui où elles étaient, n'est arrivé à son travail que deux heures plus tard qu'à l'ordinaire.

Lecture faite de sa déclaration au sieur Bernard il l'a signée avec nous *ou* n'a pu la signer, faute de le savoir.

Cette déclaration reçue, nous maire soussigné, assisté de M..... notre adjoint (*ou* de M...... conseiller municipal *ou* des sieurs N..... et N...., cultivateurs, domiciliés en cette commune), et accompagné de notre garde champêtre, nous sommes immédiatement transportés, avec le sieur Bernard, dans son domicile où étant arrivés, nous avons reconnu ce qui suit:

(*Etat des lieux.*) — Le voleur n'a pu s'introduire dans la maison que par la porte d'entrée; la croisée qui éclaire l'habitation, et une plate bande du jardin qui se trouve au dessous, ne portent aucune trace de son passage; quant à l'armoire, nous avons vu qu'elle avait été ouverte par un effort violent; la serrure était arrachée et ne tenait plus qu'à un clou; sur le ventail gauche de l'armoire, et à peu près vis-à-vis de la serrure, on remarquait à l'extérieur plusieurs traces de pesées paraissant avoir été faites avec un instrument en fer, rouillé; nous avons mesuré la largeur de ces pesées, et nous l'avons trouvée de 30 millimètres.

(*Visite domiciliaire, perquisition, etc.*)— Ensuite toujours accompagné de même, nous nous sommes transportés chez le sieur Bertrand. Il était absent de son domicile. Nous l'avons envoyé chercher par le garde champêtre, et lorsqu'il est arrivé nous lui avons fait part de l'objet de notre transport. Il a paru d'abord interdit, puis il a protesté de son innocence, et nous a ouvert, sans difficulté, la porte de sa maison.

(*Défense de s'éloigner du lieu visité.*) En y entrant, nous avons défendu à toutes les personnes présentes de sortir de l'enceinte des bâtiments avant la fin de notre opération. Nous avons fait, dans la maison, les recherches les plus minutieuses, sans d'abord y rien découvrir de relatif au vol commis chez le sieur Bernard; cependant, ayant demandé à Bertrand s'il n'avait pas un grenier, et voyant qu'il hésitait à nous répondre, nous avons découvert, au-dessus de sa maison, une espèce de réduit où étaient entassés un grand nombre d'objets, parmi lesquels se trouvait un bahut, ou vieux coffre fermé à clé; nous avons enjoint au nommé Bertrand de nous en faire l'ouverture; il nous a répondu, en balbutiant, qu'il n'avait pas la clé; qu'il ne savait pas ce qu'elle était devenue et qu'au surplus, il n'y avait point d'argent chez lui.

(*Fouille du prévenu.*) — Sur cette réponse, nous l'avons fait fouiller minutieusement, par notre garde champêtre, pour découvrir tant cette clé, que les objets ayant provenu du vol qui nous occupe. Cette fouille n'ayant produit aucun résultat, nous avons requis le sieur..... serrurier (*ou* forgeron), en cette commune, d'ouvrir le coffre dont il a été parlé ; le sieur..... ayant déféré, immediatement, à notre réquisition, nous avons trouvé dans ce coffre, parmi d'autres effets, deux chemises d'homme qui ont été parfaitement reconnues par le sieur Bernard, pour lui appartenir; il nous a même fait voir que l'on avait commencé à démarquer l'une de ces chemises.

Continuant ensuite nos recherches et visitant de nouveau le réduit où nous nous trouvions, nous avons découvert sous des hardes, un vieux ciseau en fer, rouillé, qui nous a paru, par sa dimension, avoir servi à forcer l'armoire du sieur Bernard; nous l'avons mesuré, et sa largeur s'est trouvée de 30 millimètres.

(*Garde à vue de l'inculpé.*) — Etant ensuite retournés chez le sieur Bernard, avec tous les assistants et le nommé Bertrand, que nous avons fait, dès ce moment, garder à vue, nous avons appliqué le ciseau saisi chez l'inculpé, sur les traces de pesées déjà remarquées sur l'armoire, et nous avons reconnu qu'il s'y adaptait parfaitement; tous les assistants l'ont vu comme nous, et Bertrand, lui-même, n'a pu s'empêcher de convenir de l'exactitude de cette remarque.

(*Saisie des objets découverts.*)— Nous avons alors prononcé la saisie des deux chemises et du ciseau en fer, pour servir de pièces de conviction; nous avons placé ces trois objets dans un linge, fourni par le sieur Bernard, que nous avons lié avec une ficelle, dont nous avons réuni les bouts avec de la cire, sur laquelle nous avons appliqué le sceau de la mairie. Nous avons aussi placé sur ce paquet, une bande de papier, indicative de son contenu, et nous avons signé cette bande avec les personnes présentes, à l'exception du sieur ..... qui a déclaré ne le savoir.

(*Déclaration des témoins.*) — Nous avons ensuite reçu les déclarations des personnes qui nous ont été signalées comme ayant connaissance du fait, objet de notre transport. Elles ont déposé séparément et hors la présence du prévenu ainsi qu'il suit :

1° Anne Guilloteau, femme de Jean Bernard, âgée de 40 ans, propriétaire en cette commune, a déclaré:

Tout ce que vous a dit mon mari dans sa plainte, dont vous venez de me donner lecture, est l'exacte vérité; je n'ai rien à en retrancher. C'est moi, qui, ce matin, ai vu la femme Bertrand postée derrière la haie de son jardin, où elle faisait le guet. Elle n'avait aucune autre raison de se tenir dans cet endroit du jardin parce qu'il n'y a en ce moment, ni légumes, ni plantations. Les Bertrand sont de très-mauvais voisins; nous avons un champ qui touche au leur et dont on nous a souvent volé les légumes, et je ne puis guère accuser qu'eux de ces vols, parce que je m'en apercevais précisément le lendemain du jour où ils étaient allés à leur champ.

Lecture faite de sa déclaration à la femme Bernard, elle a déclaré ne savoir signer et nous l'avons signée avec notre adjoint.

2° Silvine Bernard, âgée de 17 ans, sans profession, a déclaré:

Ce matin, vers huit heures, étant occupée avec ma sœur à garder nos bestiaux dans notre champ, sis au lieu de...... j'ai vu arriver le sieur Bertrand, notre voisin, qui se rendait à son ouvrage; il avait l'air essoufflé; je lui ai adressé la parole, mais il a continué son chemin, sans me répondre. Il était bien certainement plus de 8 heures lorsque Bertrand est arrivé, car il y avait déjà quelques instants que nous avions entendu sonner la messe, qui se dit, tous les matins, à cette heure-là.

Lecture faite à la fille Bernard de sa déclaration, elle l'a signée avec nous et notre adjoint.

3° Pierre Durand, âgé de 36 ans, boucher, demeurant à. . . . a déclaré :

Avant hier, samedi, j'ai acheté du sieur Bernard, deux jeunes porcs pour la somme de 80 francs, que je lui ai payée en pièces de 5 francs, dans le cabaret du sieur..... à..... Un homme qui se trouvait là et que je ne connaissais pas, mais qui est bien le même que je viens de voir, dans la cour, assis à côté du garde champêtre, est venu à la table où nous étions avec Bernard, dans le cabaret, au moment où je comptais la somme en question. Je crois même qu'il a fait à Bernard quelques plaisanteries à ce sujet. Il lui a ensuite emprunté de la monnaie pour payer sa dépense; peut-être 1 fr. ou 1 fr. 50 centimes.

Lecture faite au sieur Durand de sa déclaration, il l'a signée avec nous, etc.

Lecture faite, le présent procès-verbal a été signé par nous et toutes les personnes y dénommées, à l'exception du sieur... qui a déclaré ne le savoir.

(*Interrogatoire de l'inculpé.*) Et à l'instant nous avons, en la présence seulement de notre adjoint (*ou* du sr... conseiller municipal, *ou* des sieurs N... et N..., qui nous assistaient), procédé à l'interrogatoire de l'inculpé, ainsi qu'il suit.

Demande: Quels sont vos noms, prénoms, âge, profession et domicile?

Réponse: Je me nomme Jacques Bertrand, âgé de quarante-deux ans, cultivateur, né et demeurant en cette commune.

D. Vous savez que vous êtes inculpé d'avoir, aujourd'hui même, commis un vol d'argent, de bijoux et de linge, au préjudice du sieur Bernard, votre voisin. Vous auriez profité de son absence pour vous introduire chez lui au moyen de la clé de la maison dont vous connaissiez la place habituelle; puis, vous auriez forcé son armoire, où vous auriez pris une somme de 116 francs, en argent et en cuivre, une croix d'or, une paire d'agrafes en argent, et trois chemises. Qu'avez-vous à répondre?

R. Monsieur, c'est bien faux; ce n'est pas moi qui ai commis ce vol.

D. Cependant nous avons, tout à l'heure, trouvé, au fond d'un coffre, dans votre grenier, deux chemises que Bernard a reconnues pour lui appartenir; toutes les deux sont marquées à son nom; comment expliquez-vous cette circonstance?

R. Ces deux chemises sont à moi; si Bernard les reconnaît, il ne dit pas la vérité; d'ailleurs, il y a bien des chemises de toile qui se ressemblent et comme mes noms commencent par les mêmes lettres que ceux de Bernard, il n'est pas étonnant qu'il dise que c'est là sa marque. Bernard m'en veut, depuis longtemps; il fait cette déclaration pour me perdre.

D. Mais la marque de l'une de ces chemises est en partie enlevée. On comprend difficilement, si ce linge vous appartient, pourquoi vous auriez cherché à le démarquer?

R. Je ne puis rien vous dire là-dessus.

D. Nous avons aussi trouvé derrière votre coffre, un ciseau en fer, que nous venons d'appliquer, devant vous, aux traces de pesées qui se remarquent sur l'armoire de Bernard et vous avez vu, comme tous les assistants, combien cet outil s'y rapportait exactement. Vous avez vu aussi que les traces de pesées de l'armoire sont empreintes de rouille, or, précisément, votre ciseau est fortement rouillé?

R. Ces sortes d'outils sont presque tous faits sur le même modèle, et, d'ailleurs, je ne suis pas le seul dans la commune qui en possède de semblables.

D. Vous saviez que Bernard avait de l'argent; vous vous êtes trouvé, samedi soir, dans le même cabaret que lui, et vous avez vu le sieur Durand, boucher, lui compter 80 fr. pour deux porcs que Bernard lui avait vendus. Pour vous, vous n'aviez pas d'argent; car vous avez été obligé d'emprunter un franc, à votre voisin, pour payer votre dépense.

R. Je me suis bien trouvé, samedi soir, dans le même cabaret que Bernard, mais je ne sais pas s'il a touché de l'argent ou non : il y avait là beaucoup de monde et je n'étais pas à la même table que lui; si je lui ai emprunté un franc, c'est que je ne voulais pas changer des écus de 100 sous que j'avais reçus moi-même.

D. Cependant vous nous avez dit, tout à l'heure, pendant la perquisition qui a été faite chez vous, que vous n'aviez pas d'argent à la maison : que sont donc devenues les pièces de cinq francs dont vous nous parlez?

R. J'ai donné 25 f. que j'avais, hier, dimanche, à un colporteur, dont je ne sais pas le nom, qui m'avait vendu, il y a quelque temps, divers effets d'habillement.

D. Ce matin, on a vu votre femme postée derrière la haie de votre jardin, d'où elle semblait épier le départ de la famille Bernard, pour les champs; de votre côté, vous n'êtes arrivé à votre travail, qu'au moins deux heures plus tard qu'à l'ordinaire. Expliquez-vous à cet égard?

R. Je ne sais pas si ma femme est allée dans le jardin; quant à moi, si je ne suis pas allé à mon travail d'aussi bonne heure que de coutume, c'est que j'étais fatigué d'une course que j'avais faite hier soir. Je suis parti de la maison à six heures, six heures et quart, et non point à 8 heures, comme le dit la fille Bernard. Toute cette famille m'en veut.

D. Tout annonce que vous êtes l'auteur du vol commis chez le sieur Bernard; vous feriez mieux d'avouer la vérité.

R. Je ne puis convenir d'une chose que je n'ai pas faite.

Lecture faite à l'inculpé de son interrogatoire, il l'a signé avec nous et les personnes présentes.

(*Arrestation de l'inculpé.*) Et attendu que de ce qui précède il résulte contre le nommé Jacques Bertrand, les indices les plus graves d'avoir commis le crime qui lui est imputé, et vu les art. 40, 49 et 50 du code d'Instruction criminelle, nous avons ordonné que cet inculpé serait conduit devant M. le Procureur du Roi, pour que ce magistrat statue, à son égard, ce qu'il appartiendra. — A cet effet, nous avons a dressé un réquisitoire à M. le commandant de la gendarmerie de. . . . . et nous avons ordonné, en attendant son arrivée, que le sieur Bertrand serait provisoirement gardé à vue, dans son domicile, par le garde champetre et les sieurs..... gardes nationaux, par nous requis à cet effet.

Fait et clos à . . . le . . . . à . . . heures du soir.

Le Maire.

No 2. (Instruction, page 37).

Réquisitoire à un Ouvrier pour faire un travail quelconque en cas de flagrant délit.

Le Maire de la commune de agissant en cas de flagrant délit, requiert le sieur N. (*nom et profes-*

sion de l'ouvrier), de se transporter, aujourd'hui même, heures du soir *ou* du matin, avec les outils de sa profession, à l'effet de (*détailler ici l'opération à laquelle l'ouvrier sera employé*).

Fait à le 184...

N. B. En cas d'urgence tout ouvrier peut être requis, *verbalement*, par le maire; il est tenu d'obéir comme cela a été dit au § 4 *du flagrant délit*, n° 41. Le réquisitoire ci-dessus ne doit être rédigé que lorsqu'il s'agit de faire taxer l'ouvrier requis, soit par le maire comme *frais urgents* (voy. ci-devant, § 19, *de la taxe des frais*, etc.), soit par un membre du Tribunal.

Lorsqu'il s'agit d'opérer l'*arrestation* d'un prévenu, tout citoyen doit prêter secours au maire, aussitôt que ce fonctionnaire aura prononcé les mots: *Force à la loi*, et sans qu'il soit besoin d'aucune autre réquisition. *Loi du* 26 *juillet* 1791, art. 1er.

N° 3. (Instruction, page 143).

Taxe à l'ouvrier requis.

Taxé au sieur N. pour les opérations détaillées dans le réquisitoire ci-dessus, la somme de fr., conformément à l'usage de la commune. Cette somme lui sera payée par M. le Receveur de l'enregistrement du bureau de... (*désigner le bureau d'enregistrement le plus voisin de la commune*).

Le sieur N. a déclaré savoir *ou* ne savoir signer.

Fait à le 1840.

Le Maire.

N° 4. (Instruction, page 38).

Procès-verbal du refus d'un ouvrier ou de toute autre personne de déférer aux réquisitions du Maire, en cas de flagrant délit, accident, etc.

L'an mil huit cent quarante; le

Nous Maire de la commune de

Rapportons qu'aujourd'hui même, à heures du matin

ou du soir, au lieu de dans cette commune, où nous procédions, en cas de flagrant délit, nous avons requis les sieurs *ou* le sieur de nous assister dans nos opérations, et à cet effet de . . . . . (*indiquer ici la nature du travail que la personne requise était tenue de faire*). Ledit sieur s'est retiré, sans déférer à nos réquisitions *ou bien* a négligé de nous prêter l'assistance *ou* le secours par nous requis, quoiqu'il fût pleinement en son pouvoir de le faire.

De ce refus *ou* de cette négligence, qui constitue la contravention prévue par l'art. 475, n° 12, du Code pénal, nous avons dressé le présent procès-verbal qui sera adressé à M. le maire *ou* à M. le commissaire de police du chef-lieu du canton.

Fait à le 1840.

N° 5. (Instruction, page 63).

Procès-verbal de Perquisition ou Visite domiciliaire.

N. B. Ce procès-verbal se rédige dans la forme suivie au Modèle n. Ier pour la *visite domiciliaire* et les *perquisitions* faites chez l'inculpé.

N° 6. (Instruction, page 66).

Réquisitoire à un Serrurier pour ouvrir une maison ou des meubles qui sont fermés.

Le Maire de la commune de , procédant en cas de flagrant délit;

Requiert le sieur , serrurier en cette commune de se transporter avec les instruments de sa profession, à..... pour ouvrir les portes, meubles, etc. qui lui seront désignés par le soussigné.

Fait à le 184 .

Le Maire.

(*Sceau de la Mairie.*)

N° 7. (Instruction, page 143).

Taxe au Serrurier employé ci-dessus.

Taxé au sieur pour l'exécution du réquisitoire ci-dessus, et l'ouverture de . . . . portes, ... armoires; . . . . malles, etc., la somme de fr. qui lui sera payée par M. le Receveur de l'enregistrement de

Le sieur a déclaré savoir *ou* ne savoir signer.

Fait à le 184 .

Le Maire

N° 8. (Instruction, page 68).

Réquisitoire à un Voiturier pour transporter un prévenu et des pièces de conviction.

Nous Maire de la commune de . . . .

Vu notre réquisitoire en date de ce jour..... ou la réquisition de M. le (*indiquer la qualité du magistrat*) près la cour *ou* le tribunal d *ou* de M. le juge de paix d portant que le nommé...... (*relater ici textuellement la nature de la prévention et le but de la translation, tels qu'ils sont indiqués dans la réquisition*);

Vu le certificat de médecin attestant que cet individu est dans l'impossibilité de faire la route à pied;

Requérons le préposé de service des convois militaires à..... ou le sieur..... voiturier en cette commune, de fournir..... voiture à .... collier, ou un cheval de selle, pour transférer le susnommé de cette place en celle de.....

A . . . . . le . . . . . 1840.

N° 9. (Instruction, pages 70 et 143.)

Taxe au Voiturier, etc.

Taxé au sieur voiturier à en vertu des articles 6 et 9 du réglement du 18 juin 1811, la somme de ....

pour avoir transporté le prévenu et les objets (*ou les objets seulement lorsqu'il n'y a pas de prévenu à transférer*) désignés dans la réquisition ci-dessus ; laquelle somme lui sera payée par le Receveur de l'enregistrement du bureau de

Ledit sieur a déclaré savoir *ou* ne savoir signer.

A le 1840.

Le Maire,

N. B. Cette Taxe se rédige au bas du réquisitoire. On y joint à l'appui le certificat du médecin constatant la nécessité du transport du prévenu en voiture. — Quant à la somme à allouer au voiturier, c'est celle d'une journee de voiture à un collier, dans la commune, le conducteur compris. — Si la distance de la commune au chef-lieu d'arrondissement était telle que le voiturier ne pût aller et revenir dans le même jour, le maire allouerait le prix de deux journées.

N° 10. (Instruction, page 69.)

Mandat d'amener.

AU NOM DU ROI.

Nous Maire *ou* Adjoint au maire, *ou* Conseiller municipal de la commune de D.....

Procédant en cas de flagrant délit, et vu les articles 25, 40, 49 et 50 du code d'Instruction criminelle ;

Mandons et ordonnons à tous huissiers et exécuteurs des mandements de justice d'amener, devant nous, en se conformant à la loi :

Le nommé.... (*noms, prénoms, profession, domicile de l'Inculpé; si l'on ne possède pas ces indications, il faut les remplacer par son signalement exact*).

Pour y être entendu sur les inculpations dont il est l'objet.

Requérons tous Commandants et agents de la force publique, de prêter main forte pour l'exécution du présent mandat.

Fait et scellé à le 184 .

Le Maire

(*Sceau de la mairie*).

N° 11 (Instruction, page 71)

Réquisitoire à la Gendarmerie ou à la Garde nationale pour conduire un prévenu devant le Procureur du Roi.

Le Maire *ou* l'Adjoint, *ou* le Conseiller municipal de la commune de procédant en cas de flagrant délit, et vu les articles 106 et 25 du Code d'instruction criminelle ;

Requiert M. le Commandant de la gendarmerie ou de la garde nationale de .... de conduire devant M. le Procureur du Roi, N....... (*noms, prénoms, profession, âge, domicile, de l'individu arrêté*) inculpé d (*nature du délit*)

Fait à la mairie de le 184

le Maire,

(*Sceau de la mairie*).

N° 12. (Instruction, page 73)

Réquisitoire à la Gendarmerie ou à la Garde nationale pour prêter main-forte.

Le Maire de la commune de

Vu l'art. 25 du Code d'instruction criminelle ;

Requiert M. le commandant de la gendarmerie de .... *ou* M. le commandant de la garde nationale de..... de l'assister ou lui prêter main forte pour (*énoncer ici l'opération à laquelle le maire doit se livrer, telle que transport sur les lieux ; perquisitions ; sommations à un attroupement*, etc.)

A la mairie de le 184

Le Maire,

(*Sceau de la mairie*).

N° 13. (Instruction, page 75.)

Arrêté contenant règlement pour la Fourrière d'une commune.

L'an mil huit cent quarante, le

Nous, Maire de la commune de vu Lois

du 16-24 août 1790, titre XI, art 3, nos 1, 3 et 6; du 6 octobre 1791 (Code rural), titre II, art. 12; le Décret du 18 juin 1811, art. 39 et 40; le Code pénal, art. 471, nos 4 et 15, et 475, no 4;

Considérant que les accidents qui peuvent résulter de l'abandon des animaux et voitures sur la voie publique nécessitent la désignation d'un endroit pour la mise en fourrière des animaux et voitures ainsi abandonnés;

Avons arrêté ce qui suit :

Art. 1er La fourrière est établie chez le sieur..... aubergiste.

Art. 2. Les chevaux, bœufs, moutons, etc., et les voitures saisis ou abandonnés, seront envoyés à la fourrière, par l'officier de police qui aura dressé le procès-verbal.

Art. 3. Les animaux déposés en fourrière, sont visités, dans les 24 heures, par l'expert vétérinaire nommé par nous.

Cet expert s'assure si les animaux sont nourris et soignés convenablement, et veille à ce que les harnais et autres objets déposés ne soient pas exposés à se détériorer.

Art. 4. Les animaux et autres objets déposés ne sont rendus au propriétaire que sur l'autorisation de l'officier de police qui les a consignés. Les frais de garde et de nourriture sont préalablement acquittés par le propriétaire.

Art. 5. En cas de non réclamation, et au bout de huit jours ils sont vendus à l'enchère, sur un marché; le produit de la vente, tous frais déduits, est versé à la caisse du Receveur de l'enregistrement et des domaines.

Art. 6. La ration des animaux pour 24 heures de séjour est:

Pour un cheval, de

Pour un mulet, de

Pour un âne, de

Pour un bœuf, de

Pour une chèvre ou un mouton, de

Pour un porc, de

Art. 7° Il sera payé pour frais de fourrière, par jour, pour les fournitures ci-dessus, savoir:

Pour un cheval,

Pour un mulet,

Pour un âne,
Pour un bœuf ou une vache,
Pour une chèvre ou un mouton,
Pour un porc,
Pour la garde d'une voiture,

Art. 8. Les gardiens de fourrière sont responsables, par corps, comme dépositaires de justice, des animaux et autres objets confiés à leur garde.

Art. 9. Le présent règlement sera affiché aux lieux accoutumés.

Fait et arrêté à . . . . . les jours, mois et an ci-dessus.

Le Maire,

N° 14. (Instruction, page 75)

Procès-verbal avec mise en Fourrière.

Aujourd'hui mil huit cent quarante, à heures du matin *ou* du soir,

Nous, Maire *ou* Garde champêtre de la commune de informé par le sieur domicilié à , en cette commune, que des bestiaux qu'il avait trouvés pâturant au lieu, dit le , y paraissaient abandonnés par leur conducteur, nous nous y sommes immédiatement transporté et nous avons trouvé, en effet, en contravention, les bestiaux à nous signalés savoir: (*consigner ici le nombre, l'espèce et le signalement des animaux trouvés en délit*)

Et attendu que les bestiaux, ci-dessus, sont dépourvus de conducteur, et ne sont point réclamés par leur propriétaire, disons qu'ils seront conduits et déposés provisoirement à la fourrière, établie chez le sieur..... en cette commune, en vertu de notre Arrêté, ou de l'Arrêté de M. le maire en date du

(Signature)

N. B. Lorsque le propriétaire des bestiaux se fait connaître, les animaux lui sont rendus, les frais de fourrière préalablement acquittés.

Le modèle de procès-verbal ci-dessus, doit être suivi, dans le cas où les bestiaux auraient été abandonnés, à la suite d'un *accident* ou d'un *vol*, dont les auteurs auraient pris la fuite. Le maire ferait alors mention de la nature de l'accident ou du vol qui aurait précédé l'abandon des bestiaux.

N° 15. (Instruction, pages 33 et 77)

Réquisitoire à un Médecin ou officier de santé pour faire l'Autopsie d'un cadavre, ou pour visiter un blessé, etc.

Le Maire, etc. de la commune de . . . . .

Requiert le sieur. . . . . . médecin *ou* chirurgien *ou* officier de santé à de l'accompagner, aujourd'hui même, au lieu, dit en cette commune, à heures du matin *ou* du soir, pour y procéder à l'examen *ou* à l'autopsie d'un cadavre qui y a été trouvé, à l'effet de connaître la cause de la mort et de dire si elle doit être attribuée à un accident ou à la volonté du défunt, etc.

(*S'il s'agit de blessures, ou de contusions, l'on mettra :*) ...heures du soir, à l'effet d'examiner les blessures et les contusions du sieur..., et de dire, notamment, à quelle cause et à quel instrument elles doivent être attribuées, etc.; quelle sera la durée probable de *l'incapacité de travail*, qui pourra en résulter; si la vie du blessé court quelque danger, etc.

M. . . . . . rédigera, de son opération, un rapport, qui sera adressé, le plus tôt possible, au soussigné.

A le

Le Maire,

N° 16. (Instruction, page 77)

Procès-verbal de Levée de cadavre (mort accidentelle, suicide, etc)

(*N. B.* Ce procès-verbal ne doit être dressé que lorsqu'il est évident que la mort est le résultat d'un accident ou d'un suicide.)

L'an mil huit cent quarante le . . . à . . . heures du matin *ou* de l'après-midi;

Nous, Maire de la commune de . . averti par le sieur . . . . qu'un cadavre venait d'être trouvé au lieu dit , en cette commune, nous nous y sommes immédiatement transporté, accompagné du sieur médecin, chirurgien *ou* officier de santé que nous avons fait avertir à cet effet et du sieur... garde champêtre; (*si le cadavre se trouve dans une maison fermée à clef, le maire se fait accompagner d'un serrurier ou de tout autre ouvrier apte à ouvrir les portes*). Y étant arrivés à l'heure de nous avons reconnu que (*décrire ici, avec détails, la position du cadavre, les vêtements dont il est couvert; les objets qui sont trouvés sur lui* etc. *Recueillir, en substance, les déclarations des personnes présentes qui ont connaissance de l'accident ou du suicide*).

Nous avons ensuite commis le sieur médecin, à l'effet de visiter le cadavre et de s'expliquer sur les causes de la mort, et, avant de procéder à cet examen, le sieur , a prêté, entre nos mains, le serment de faire son rapport et de donner son avis en son honneur et conscience. Son examen achevé, le sieur nous a déclaré que son opinion était que la mort du défunt ne pouvait être attribuée qu'à . . . . . . Cette opinion sera, au surplus, motivée dans son rapport, qu'il nous adressera, le plus tôt possible, pour être annexé au présent.

Lecture faite, le présent a été signé par nous etc.

N° 17. (Instruction, page 87)

Procès-verbal rédigé sur une Plainte ou une Dénonciation.

L'an mil huit cent quarante le

Devant nous, maire de la commune de officier de police judiciaire, auxiliaire de M. le Procureur du Roi; s'est présenté le sieur (*noms, prénoms, âge, profession et domicile*) lequel nous a fait la déclaration suivante:

(*N. B. Si le plaignant déclare vouloir se porter partie civile, il en est fait mention*).

Lecture faite de sa déclaration au sieur . . . . . il l'a signée avec nous *ou* n'a pu la signer avec nous, faute de le savoir.

(*N.B. Si la dénonciation ou la plainte est faite, par un tiers, en vertu d'une procuration, on mettra*) :

Est comparu le sieur profession de domicilié à lequel nous a dit qu'en vertu de la procuration en date du . . . . enregistrée, à lui donnée par le sieur . . . . profession de . . . . domicilié à . . . . . et qu'il nous a remise pour être annexée à notre procès-verbal, il se présentait pour nous faire une dénonciation *ou* nous rendre une plainte, au nom dudit sieur . . . à raison du délit de ce qu'il a fait en ces termes:

Lecture faite, etc.

Nous avons ensuite reçu les déclarations des témoins qui nous ont été indiqués par le sieur . . . . . comme ayant connaissance du fait dont il se plaint.

Le premier a dit se nommer (*noms, prénoms, âge, profession et domicile*) et nous a déclaré ce qui suit:

Lecture faite au témoin etc.

Enfin nous avons fait inviter, par le garde champêtre de la commune, le sieur N. . . . . à se présenter devant nous pour s'expliquer sur la plainte du sieur . . . . . . dont il était l'objet. Le sieur N. . . . ayant immédiatement déféré à cette invitation il a dit se nommer . . . . . . âgé de . . . . . . etc.

Nous lui avons donné connaissance des faits qui lui étaient reprochés et il s'est expliqué de la manière suivante : (*Si l'inculpé ne se rend pas à l'invitation du Maire ou refuse de comparaître, on en fait mention avant de clore le procès-verbal*).

N° 18. (Instruction, page 88)

Procès-verbal de dépôt d'une Dénonciation ou Plainte.

N. B. *Si la dénonciation ou la plainte est rédigée d'avance, par ses auteurs ou leurs fondés de pouvoirs, le maire en constatera la réception, au bas de la pièce, ainsi qu'il suit :*

L'an mil huit cent quarante le

Devant nous, maire de la commune de

A comparu le sieur . . . . . lequel a déposé entre nos mains la dénonciation ou plainte qui précède, et après que nous lui en avons donné lecture, il a déclaré y persister et nous avons signé avec lui en cet endroit, ainsi qu'au bas de chacun des autres feuillets. (*Si le dépôt de la plainte ou dénonciation est faite par un fondé de pouvoirs on ajoutera*): Nous avons ensuite annexé au présent la procuration par acte authentique *ou* sous signatures privées en date du enregistrée, par laquelle le sieur demeurant à donne pouvoir au sieur comparant, de déposer entre nos mains la dénonciation ou la plainte ci-dessus.

Le Maire,

N° 19. (Instruction, page 92).

Procès-verbal, en cas de flagrant délit, continué avec l'Autorisation du Procureur du Roi.

N. B. Ce procès-verbal se rédige dans la même forme que le modèle n° 1er; on y mentionne, seulement, l'intervention du Procureur du Roi et son autorisation de continuer l'information à partir du point où en était le Maire de son procès-verbal, lors de l'arrivée de ce magistrat.

En cet instant est survenu M. le Procureur du Roi, lequel après avoir pris connaissance de ce que nous avons fait jusqu'à présent, ainsi que du commencement de notre procès-verbal, nous a autorisé à continuer nos opérations, ce que nous avons fait ainsi qu'il suit :

N° 20. (Instruction, page 92)

Procès-verbal rédigé en vertu d'une Délégation du Procureur du Roi ou d'une Commission du juge d'Instruction.

Nous, Maire de la commune de

Vu la Délégation de M. le Procureur du Roi de . . . . . *ou* la Commission de M. le juge d'Instruction de . . . . . en date du . . . . portant de nous transporter à . . . . . . à l'effet de . . . (*mentionner ici, sommairement, l'objet de la délégation ou de la commission*) ;

Nous sommes transporté, pour l'exécution du dit acte, au lieu de . . . . . accompagné de . . . ., où étant arrivé nous avons, etc. (*suit le détail des opérations du maire*)

Et n'ayant plus rien à constater, nous avons clos le présent procès-verbal, qui, lecture faite, a été signé par nous et les personnes y dénommées à l'exception des sieurs. . . . . et . . . . qui ont déclaré ne le savoir *ou* ne le vouloir, de ce interpellés.

Fait à le 184 .

N° 21. Instruction, page 99)

Arrêté d'urgence ordonnant la translation d'un Fou furieux à l'hospice ou sa garde à vue dans un autre local.

Le Maire de la commune de

Vu l'article 19 de la Loi du 30 juin 1838 ;

Considérant que le sieur . . . . . âgé de . . . . . profession de . . . . . domicilié en cette commune, donne, depuis quelques jours, des signes non équivoques d'aliénation mentale;

Que l'état de démence dans lequel il se trouve s'est manifesté par des actes de violence et de fureur ; que, notamment (*énoncer ici les principaux actes de violence et d'emportement commis par l'aliéné*)

Et vu le certificat, en date de ce jour, de M...... médecin *ou* chirurgien, qui a visité le dit sieur . . . . ,

Attendu qu'il résulte de tout ce qui précède qu'il y a danger imminent;

Arrête: le sieur N . . . . . . sera, immédiatement, transféré dans l'hospice de cette commune *ou* sera gardé, chez lui, à vue, par les sieurs...... requis, à cet effet, jusqu'à ce qu'il en ait été, par M. le Préfet, autrement ordonné.

Copie du présent arrêté et du certificat de médecin sera immédiatement adressé à M. le Préfet, et avis en sera donné à M. le Procureur du Roi.

Fait à en Mairie le 1840.

N° 22. (Instruction, page 101)

Acte d'Affirmation, devant le Maire, d'un procès-verbal de Garde-champêtre ou Garde-particulier.

L'an mil huit cent quarante . . . . . et le . . du mois de . . . . heure de . . . . . devant nous, Maire de la commune de..... est comparu le sieur..... garde champêtre ou forestier de la commune d . . . y demeurant, ou garde particulier du sieur..... lequel, après avoir ouï lecture, par nous faite, du procès-verbal ci-dessus transcrit, l'a affirmé sincère et véritable, et a signé avec nous, les jour, mois et an susdits.

Le Garde Le Maire

N° 23. (Instruction page, 101.)

Procès-verbal d'un Garde champêtre, rédigé sous sa dictée, par le Maire de la commune.

Aujourd'hui mil huit cent quarante, à heures du matin *ou* du soir; devant nous, Maire *ou* Adjoint de la commune de..... s'est présenté le sieur... . (*noms, prénoms et domicile*) garde champêtre de la commune *ou* garde particulier de M..... qui nous a déclaré qu'il venait nous faire son rapport d'un délit qu'il a reconnu, aujourd'hui même, à...heures du matin, *ou* du soir. Et à l'instant, nous avons, sous la dictée du garde, rédigé ce rapport ainsi qu'il suit:....

Et le sieur ayant dit qu'il n'avait plus rien à nous déclarer, concernant le délit par lui constaté, nous lui avons donné lecture de son rapport qu'il a affirmé être en tout conforme à la vérité, et lecture faite de la présente affirmation, le sieur l'a signée avec nous *ou* n'a pu la signer avec nous, faute de le savoir.

N° 24. (Instruction, page 118.)

Arrêté d'urgence prescrivant l'enfouissement de Bestiaux morts.

Nous, Maire de la commune de

Vu les lois des 16-24 août 1790, titre XI, art. 3, n° 5; 6 octobre 1791, titre II, art. 13; et le Code pénal, art. 471, n° 15;

Considérant qu'il importe à la salubrité publique que les bestiaux (*désigner ici l'espèce des bestiaux*) morts chez le sieur demeurant à en cette commune, soient enfouis, le plus promptement possible, aux termes de la loi et qu'ainsi il y a urgence ;

Avons arrêté ce qui suit :

Art. 1er. Injonction sera faite, par le garde champêtre de la commune, porteur du présent, au sieur d'enfouir les (*ici la désignation des bestiaux*) qui sont morts chez lui, et ce avant l'heure de pour tout délai, sur son propre terrain, et à quatre pieds de profondeur.

Art. 2. Faute d'exécution, par le sieur du présent, les dits bestiaux seront, à ses frais, voiturés et enfouis en cette commune, au lieu de que nous désignons à cet effet, sans préjudice du procès-verbal qui sera dressé contre le sieur pour contravention au présent.

Fait à en Mairie, le 184

Le Maire,

N° 25. (Instruction, pages 62 et 113.)

Procès-verbal constatant une Contravention de police.

Le 1840, à heures du matin, *ou* du soir ;

Nous, Maire *ou* Adjoint de la commune de

Faisant notre tournée pour le maintien de l'ordre, nous avons trouvé le cabaret du sieur rue ouvert, et y étant entré nous avons reconnu qu'il y avait plusieurs personnes étrangères à la maison qui étaient occupées à boire ou à jouer, savoir les sieurs (*noms, professions, domicile*) ; le tout en contravention aux art. 1 et 2 de notre arrêté de police en date du (*Voyez* Modèle, n° 26) ;

Et attendu qu'il était plus de heures du soir, et que par conséquent l'heure fixée par l'arrêté pour la fermeture des cabarets était passée, nous avons fait observer au sieur cabaretier que, plusieurs fois, déjà, il avait été averti par notre garde champêtre, de se conformer aux dispositions ci-dessus de notre arrêté de police et qu'il n'en avait pas tenu compte, à raison de quoi nous lui avons, ainsi qu'aux buveurs dénommés plus haut, déclaré procès-verbal.

Fait à les jour, mois et an susdits.

N° 26. (Instruction, page 125.)

Arrêté portant règlement de la Police d'une commune.

Nous, Maire de la commune de , canton de . . . . arrondissement de , département de ;

Vu la Loi du 14 décembre 1789, art. 50, portant (*voyez-en le texte plus haut* page 119);

Vu la loi du 24 août 1790, tit. XI art. 3, portant (*voy. idem*, page 120); — la Loi du 19-22 juillet 1791, tit. 1er, art. 30 et 46 (*voy. id.* page 121); — le Code rural et la Loi du 18 juillet 1837, art. 11 (*voy. idem*, même page);

Vu, enfin, les art. 471, n° 15, et 474 du Code pénal, portant (*voy. ci-devant* page 124);

Considérant qu'il importe au maintien de la sûreté, de la salubrité et du bon ordre dans cette commune, de rappeler aux habitants leurs principales obligations en matière de police municipale;

Que la plupart des infractions journellement commises peuvent résulter de l'ignorance où se trouvent les citoyens des devoirs auxquels ils sont assujettis;

Que le moyen le plus efficace de prévenir ces infractions est de retracer, dans un règlement public, les principales obligations imposées par les lois et les règlements en vigueur;

Avons arrêté ce qui suit :

Art. 1er.

Lieux publics. — Les cabarets, cafés, billards, débits de boissons, etc., ne pourront être ouverts avant le jour et devront être fermés du 1er avril au 30 septembre, à.... heures du soir; du 1er octobre au 31 mars à.... heures du soir.

Art. 2.

Il est défendu à tout cabaretier, débitant, etc. de garder

chez lui aucune personne étrangère à son habitation après les dites heures.

Il est expressément enjoint à tout citoyen qui n'aurait pas son logement dans la maison même, de se retirer des dits cabarets, cafés, etc. aux mêmes heures.

Art. 3.

Défenses sont faites aux mêmes débitants de donner à boire aux gens ivres et de recevoir des enfants au-dessous de 16 ans, qui ne seraient pas accompagnés de leurs parents, maîtres ou tuteurs.

Art. 4.

Il leur est expressément enjoint de faire avertir immédiatement le maire ou l'adjoint, lorsque les buveurs refuseront de sortir du cabaret à l'heure fixée, ou lorsqu'il s'y passera quelque scène de désordre.

Art. 5.

Les aubergistes et tous les débitants qui font métier de loger, doivent tenir un registre sur lequel ils inscriront, de suite, et sans aucun blanc, les noms, qualités et domiciles habituels, dates d'entrée et de sortie de toute personne qui aura passé une nuit dans leurs maisons; ils représenteront ce registre aux officiers de police à toute réquisition (Voy. *Modèle* no 29).

Art. 6.

Foires; Marchés; Fêtes communales. — La surveillance la plus grande aura lieu pour le maintien de l'ordre dans les foires et marchés, fêtes et réjouissances publiques.

En conséquence il est défendu à tous faiseurs de tours, marchands de chansons, bateleurs, charlatans, propriétaires de jeux, d'animaux curieux, de spectacles de toute espèces, de s'établir sur la voie publique sans en avoir obtenu la permission du maire.

Cette permission sera refusée toutes les fois que ces jeux, chansons, spectacles, présenteraient quelque chose de contraire à l'ordre, à la bonne foi, à la décence ou aux mœurs (voy. sur ce point, l'observation du no 145 ter, p. 129).

Art. 7.

Les marchands étalagistes s'établiront sur deux files (ou sur une seule file, suivant la largeur de l'emplacement) depuis la rue . . . . . jusqu'à . . . . Ils laisseront libre entre les deux files, l'espace nécessaire à la circulation, lequel sera de 5 mètres, au moins.

Art. 8.

Le champ de foire destiné à la vente des bestiaux se tiendra sur . . . .

Art. 9.

Les danses publiques se tiendront dans (*désigner le lieu*); elles ne pourront se prolonger après . . . . . . heures du soir.

Art. 10.

Les autres jeux et divertissements publics, quels qu'ils soient, n'auront lieu que sous l'approbation du maire et dans les emplacements qu'il aura désignés à cet effet.

Art. 11.

Les conducteurs de voitures, de gros bétail, d'animaux de charge ou de monture, ne pourront traverser le champ de foire ou le lieu de la fête autrement qu'au pas.

Art. 12.

Défenses sont faites à toutes personnes de tirer, pendant la fête *ou* la foire, des pétards, boîtes, ou pièces d'artifices, sans la permission du maire.

Art. 13.

Encombrements, Excavations.—Tout particulier qui aura été obligé d'amonceler des matériaux, de faire des excavations sur la voie publique, après toutefois en avoir obtenu la permission du maire, ou d'y laisser séjourner, pendant la nuit, des charrettes, voitures etc., sera tenu, même en temps de lune, d'éclairer avec une lanterne ou des pots à feu les objets qui formeront embarras, ou les excavations pratiquées.

Art. 14.

Salubrité, Sûreté.—Défenses sont faites de rien jeter dans les rues qui puisse infecter l'air, non plus que des verres cassés ou autres objets qui pourraient blesser les hommes ou les animaux.

Il est aussi défendu d'entretenir à moins de 50 mètres des habitations, aucuns *routoirs* pour le chanvre ou le lin.

La vidange des fosses d'aisances ne pourra être faite que sur la permission du maire; elle aura toujours lieu la nuit.

Art. 15.

Cimetière. — Il est défendu, sous les peines portées par les lois, de troubler la sépulture des morts.

Il est ordonné aux fossoyeurs, conformément au Décret du 23 prairial an 12, art. 4, 5 et 6, de ne faire des ouvertures de fosses pour de nouvelles sépultures, qu'après un délai de cinq ans à partir des dernières inhumations sur le même local; de faire pour chaque corps une fosse séparée de 1 mètre 5 décimètres à 2 mètres de profondeur, sur 8 décimètres de largeur, et de tenir cette fosse à une distance des fosses voisines, de 3 à 4 mètres sur les côtés, et de 3 à 5 décimètres à la tête et aux pieds.

Art. 16.

Cheminées. — Tout propriétaire ou locataire est tenu de faire ramoner, deux fois par an, les cheminées où l'on fait habituellement du feu; les boulangers, aubergistes, traiteurs, etc., rempliront la même obligation au moins tous les trois mois.

Art. 17.

Incendies. — Il est expressément défendu d'entrer dans les granges, écuries, greniers à foin, avec des pipes, des cigares ou du feu ou avec des lumières qui ne seraient point enfermées dans des lanternes bien closes;

De porter du feu dans les rues; d'y faire des feux de joie, autres que ceux autorisés par le maire; d'y tirer des coups de fusil, des feux d'artifices; d'y lancer des pétards et des fusées;

De resserrer des bois, pailles, foins et fagots, dans les lieux par où passent des tuyaux de cheminées, et près des forges, fours et fourneaux;

D'allumer du feu dans les champs plus près que de 100 mètres des maisons, bois taillis, bois en corde, meules ou tout autre dépôt de matières combustibles.

Art. 18.

En cas d'incendie, tous maçons, charpentiers et autres ouvriers d'un état analogue, seront tenus, au premier signal du feu, de se transporter au lieu où il a éclaté, avec les ustensiles nécessaires et les instruments de leur état, pour y déférer aux réquisitions de l'autorité, ayant pour objet d'éteindre le feu.

Art. 19.

Dans le même cas et dans celui d'*inondation* subite, de rupture de digues menaçant de l'envahissement du territoire ou de la sûreté des maisons d'habitation, tout citoyen est obligé de se rendre au lieu du danger, sur l'appel de l'autorité, fait au son de la cloche ou autrement, pour y porter secours.

Art. 20.

Chemins ruraux. — Il est interdit de dégrader les chemins ruraux, d'y enlever des pierres, terres ou gazon; d'y faire des entrepôts nuisant à la sûreté et à la commodité du passage.

Les racines des plantations faites le long de ces chemins seront recépées lorsqu'elles anticiperont sur le sol du chemin, de manière à gêner la circulation.

Les branchages des arbres ou des haies qui feraient obstacle au passage, seront élagués, chaque année, du 1er février au 1er mars, sur l'injonction que le maire en fera par un arrêté, dont la publication aura lieu dans la forme d'usage, pendant deux dimanches consécutifs.

Fait et publié à le 184. . .

Le Maire,

N. B. Il sera facile à MM. les maires d'étendre, au besoin, les dispositions du projet d'arrêté ci-dessus, en y ajoutant tout ou partie de celles des arrêtés particuliers qui suivent, ou de ceux de M. le Préfet cités dans l'Instruction, n° 146, page 130 à 133 et qui concernent : les *aubergistes*, p. 130; le *ban des vendanges*, p. 179, les *boulangers* et la *taxe* du pain, p. 175, 177, les *chiens*, p. 132 et 150; le *glanage*, p. 132; les *mendiants*, p. 132; etc.

N° 27. (Instruction, page 128.)

Arrêté concernant la police des Boulangers, la fabrication et la vente du Pain.

Le Maire de la commune de

Vu les Lois du 14 décembre 1789, art. 50; 16-24 août 1790, titre XI, art, 3, n° 4; 19-22 juillet 1791; titre Ier art. 30 et 46; le Code pénal, art. 471, n° 75, 479 n° 6;

Considérant qu'un des devoirs les plus essentiels de l'autorité municipale est d'exercer une rigoureuse surveillance sur la fabrication et la vente du pain ;

Arrête ce qui suit :

ART. 1er

Il est enjoint à tout boulanger de fabriquer le pain dans les qualités et selon les divisions de poids prescrites ci-dessous; le pain sera constamment bon, loyal et marchand; aucune farine gâtée, aucun blé avarié, ou son rémoulu, ne pourront être employés pour sa fabrication. On n'y pourra faire entrer non plus des farines d'orge, de pommes de terre, etc.

ART. 2.

Le pain sera de deux qualités :

Pain de 1re *qualité*, fait avec de la farine de pur froment et de 1er choix.

Pain de 2e *qualité*, (dit *bistolo*,) fait avec des farines de froment et de seigle.

ART. 3.

Le pain, soit de 1re, soit de 2e qualité, ne pourra être vendu que par pains de 6, de 3 kilogrammes et d'un kilogramme et demi.

ART. 4.

Le prix du pain pour chacune des deux qualités ci-dessus sera fixé après le dernier marché de chaque quinzaine de la ville de   et d'après le prix moyen du blé, dans les marchés de la quinzaine réunis.

ART. 5.

La taxe du pain de 1re qualité sera établie en ajoutant au prix moyen de l'hectolitre de blé, fixé par la *mercuriale*, les frais de manutention et le bénéfice alloués au boulanger, lesquels sont de 4 centimes par kilogramme de blé, et en divisant le total par 12 (chaque hectolitre de blé rend environ 12 pains de 6 kilo).

ART. 6.

Le prix du pain de 6 kilogrammes de 1re qualité, ainsi déterminé, on connaîtra celui du pain de 2e qualité, en diminuant ce prix d'un sixième.

ART. 7.

De fréquentes visites seront faites chez les boulangers pour s'assurer si le pain exposé en vente a le poids requis.

Les pains qui n'auront pas le poids seront coupés en morceaux pour ne plus être vendus qu'en détail ; les contraventions de cette nature seront, sur-le-champ, déférées au tribunal de police.

ART. 8.

Tout boulanger est tenu d'avoir en évidence, dans sa boutique, des balances et un assortiment de poids légaux pour peser le pain, toutes les fois que l'acheteur le demandera.

ART. 9.

Il est défendu à tout boulanger de vendre le pain au-delà du prix fixé par la *taxe ;* ce prix devra être tenu constamment en évidence dans le lieu le plus apparent de la boutique.

ART. 10.

Les boulangers et débitants forains ne peuvent vendre du pain que dans les emplacements qui leur seront assignés par le Maire. Ils seront aussi pourvus des balances et poids nécessaires.

Fait et arrêté à le 184 .

N° 28. (Instruction, page 128.)

Arrêté fixant la Taxe du pain.

Nous Maire de la commune de

Vu le prix du blé dans les derniers marchés, et notre arrêté du concernant la fabrication et la vente du pain, etc.

Arrêtons :

Le prix du pain, à dater de ce jour et jusqu'à ce que autrement soit ordonné, est fixé comme il suit :

	1re qualité.	2e qualité.
Le pain blanc de 6 kilog. est fixé à....		
de 3 kilogrammes à....		
de 1 kilogr. 1/2 à....		

Les boulangers prendront à la Mairie, un bulletin de la taxe ci-dessus, qu'ils tiendront constamment affiché dans l'endroit le plus apparent de leur boutique.

Des procès-verbaux seront dressés contre les contrevenants au présent arrêté.

Fait à le 184 .

COMMUNE

de

No 29. (Instruction, page 115.)

Registre des Aubergistes, Logeurs, etc., pour l'inscription des Voyageurs.

Registre que doit tenir, en exécution de l'art. 475, no 2, du code Pénal, le sieur N. . . . . aubergiste au (*désigner l'enseigne ou le nom de l'hôtel*), rue n° , pour servir à inscrire de suite, et sans aucun blanc, les noms, qualités, domicile habituel, dates d'entrée et de sortie des voyageurs qui auront couché ou passé une nuit dans ladite auberge, lequel registre, contenant (*le nombre*) feuillets, a été coté et paraphé par nous Maire (ou adjoint), sur chacun desdits feuillets.

Fait à , ce 184

NOTA. Le présent registre doit être présenté à l'autorité toutes les fois qu'elle le requiert, et ce, sous les peines portées par l'art. 475, no 2, du code Pénal.

NOMS ET PRÉNOMS.	AGE.	QUALITÉ OU PROFESSION.	DOMICILE HABITUEL (commune et département).	DATE du passeport	LIEU où il a été délivré.	DESTINATION DU VOYAGEUR (commune et département).	JOUR d'entrée.	JOUR de sortie.	OBSERVATIONS.

N° 30. (Instruction, page 121.)

Arrêté de publication du Ban de vendanges.

Nous Maire de la commune de

Vu le code Rural, titre Ier, section 5, art. 2, et titre II, art. 21 ; la Loi du 18 juillet 1837, art. 11; les articles 471, n° 10 et 475, n° 1, du code Pénal;

Ayant pris l'avis des (quatre *ou* six *ou* huit) principaux propriétaires de vignes de la commune ;

Arrêtons :

ART. 1er.

Les vendanges ouvriront en cette commune le pour toutes les vignes non closes.

ART. 2.

Jusqu'à ce qu'elles soient terminées, elles auront lieu tous les jours sans interruption, depuis le soleil levé jusqu'au soleil couchant. Sous aucun prétexte les propriétaires ne pourront vendanger ou faire vendanger avant ou après ces heures.

ART. 3.

Les grapilleurs ne pourront se présenter dans les vignes avant (*désigner le jour*).

Le grapillage est interdit dans tout enclos rural.

Il est également interdit jusqu'après la vendange, dans les vignes dont les propriétaires ont jugé convenable, dans leur intérêt, de ne vendanger qu'après les autres.

ART. 4.

Les gardes champêtres dresseront des procès-verbaux contre les contrevenants, qui seront poursuivis conformément à la loi.

ART. 5.

Le présent ban de vendanges sera publié à son de trompe *ou* de caisse et affiché partout où besoin sera.

Fait à le 184.

N° 31. (Instruction, page 132.)

Arrêté concernant les Chiens enragés.

Nous Maire de la commune de

Vu la loi du 24 août 1790, titre XI, art. 3, n° 5; celle

du 22 juillet 1791, titre 1er, art. 15; les art. 471, n° 15, 475, n° 7, et 478 du code Pénal;

Sur l'avis qui nous a été donné qu'il paraissait depuis peu dans la commune de des chiens divagants et sans maître, dont l'allure et l'habitude extérieures donnent lieu de craindre qu'ils ne soient attaqués de la rage;

Arrêtons ce qui suit:

Il est enjoint à tous propriétaires de chiens de les tenir enfermés et à l'attache jusqu'à ce qu'il en soit autrement ordonné, les prévenant qu'en cas de contravention au présent, les chiens seront abattus par N..... et N....., qui sont commis à cet effet, et les contrevenants dénoncés à l'autorité compétente pour être condamnés suivant la loi.

Fait à le 184 .

N° 32. (Instruction, page 114.)

Acte de notification d'un Arrêté ou d'un Acte administratif quelconque.

L'an 184... le à heures du soir *ou* du matin;

Je soussigné (*noms et prénoms*) garde champêtre de la commune de assermenté et décoré suivant la loi, certifie m'être transporté, de l'ordre de M. le Maire, au lieu dit le en cette commune, à l'effet de notifier au sieur (*noms, prénoms, et domicile*) l'arrêté de M. le Maire en date du ou de M. le Préfet en date du concernant (*énoncer ici sommairement l'objet de l'arrêté*); où étant j'ai, en effet, notifié ledit arrêté au sieur en parlant à (*désigner clairement la personne à laquelle on s'adresse*) et lui en ai laissé copie, ainsi que du présent acte de notification.

Fait à le 184 .

N. B. L'arrêté ou l'acte administratif à notifier se copie en tête d'une feuille et la copie de l'acte de notification se transcrit à la suite; ces copies sont signées, bien entendu, par le garde, comme l'original lui-même.

TABLE

DES ARTICLES DES CODES

CITÉS DANS L'INSTRUCTION.

N. B. Cette table et les deux autres qui la suivent, ne renvoient pas aux *pages* de l'Instruction, mais aux *numéros* placés au commencement des principaux alinéa, et dont les chiffres sont beaucoup plus apparents que tous les autres du corps de l'ouvrage.

Code d'Instruction criminelle.

Articles du Code.	Numéros de l'Instruction.	Articles du Code.	Numéros de l'Instruction.
1	57 *bis*, 111	43	39
4	27	44	39
8	2, 11, 57	45	102
9	2, 11, 57, 112, 123	46	29
10	2 *bis*, 125	48	2, 25, 109
11	4, 5, 6, 15, 91, 123	49	2, 25, 29, 30, 32, 40, 58, 69, 109
15	91, 101		
16	125, 126, 131 *ter*.	50	2, 25, 29, 30, 32, 40
17	2	51	109
18	91	52	109, 110
22	25, 111	53	98, 102
25	73	54	98, 102
29	17, 57, 102, 111, 117	59	110
30	17, 98	63 à 66	98, 100
31	98	76	88
32 à 46	30, 32, 34	78	87
33	37	84	110
34	36	87	58
35	58	88	58
36	30	90	110
37 à 39	65	98	130
40	29, 69, 70	100	71
41	5, 29, 71	105	130
42	32, 40, 59	106	38

Suite du Code d'Instruction criminelle.

Articles du Code.	Numéros de l'Instruction.	Articles du Code.	Numéros de l'Instruction
109	130	166	5, 147
129	69	167 à 173	147, 148
131	69	177, 178	148
139	147	179	47
140	149	274	111
144	111	279 à 282	2, 2 *bis*.
148	47	302	8
149 à 165	148	373	148

Code Pénal.

1	11	330 à 332	13, 18
6 à 9	11	336 à 339	*id.*, 26, 27, 53
40	11	346	*id.*
44	150, 151	348 à 353	13
45	150	381 à 386	14, 18
64	115	388	26, 44 *bis*, 138
66 à 72	96	389 à 398	14
132 à 134	12	400 à 402	14
145 à 161	12	405	14, 138
174	113	408	14
177	113	423	14, 138
179	113	434	14, 18
184	60	436	13
209 à 212	12, 18	439	14
222 à 228	12	440	14, 18
230	12	444	14
234	74	445 à 448	14, 43
252	12	449 à 456	14
253 à 255	14	457	14, 48 *bis*.
260 à 264	12	458 à 461	14
269 à 279	12, 50	464 à 466	11
295 à 302	13, 18	471	26, 101, 138, 144
304	18	474	144
305 à 307	13	475	41, 69, 101, 115, 138
309 à 312	13		
317	13	477	138
319	13, 78	478	69
320	13	479	101, 138
321	52	481	135, 138
326	52		
328, 329	52		

Code Forestier.

Articles du Code.	Numéros de l'Instruction.	Articles du Code.	Numéros de l'Instruction.
—	—	—	—
56, 72, 78	15	168, 169	75
117	114	170	92
144, 146	15, 138	189	123
147 et 148	15	192 à 201	15, 44, 138
151 à 155	15	206	44
161 à 162	125		
165	119, 121, 123		

Code Civil.

81, 82, 85	80	2046	27
644	48 *bis*.		

Code de Procédure civile.

91	9	911	82
317, 318	40	1037	60
587	64		

Code de Commerce.

585, 586	14	591	14

Charte constitutionnelle.

55	8		

TABLE CHRONOLOGIQUE

DES LOIS, DÉCRETS, ORDONNANCES, etc.

CITÉS DANS L'INSTRUCTION.

N. B. Comme on le voit, cette Table renvoie à la fois à l'Instruction, (*voyez ci-dessus*, *page* 181) et au Bulletin des Lois. Les Lois, Ordonnances, etc. y sont indiquées par les numéros qu'elles portent dans le Bulletin, et non par ceux qui se trouvent en tête de chaque cahier du Bulletin. Ce Recueil n'ayant commencé que le 22 prairial an II, les dix premières Lois citées doivent être cherchées dans les collections spéciales qui l'ont complété et qui, heureusement, sont fort répandues; celles de Baudouin, de Duvergier, de Gallisset, de Lepec; les Lois et Actes du gouvernement, etc. — Enfin, il faut se rappeler que le Bulletin des lois se compose jusqu'à ce jour de neuf *séries* différentes qui, chacune, ont leur numérotage particulier. Il faut donc, avant de chercher une loi par son numéro, s'occuper des volumes de l'année où elle a été rendue.

Loi du 14 décembre 1789, sur la constitution des municipalités. *Instruction*, n° 139.

Décret du 22 décembre 1789, relatif à la constitution des assemblées primaires et des assemblées administratives. *Instr.* n° 146.

Loi du 30 avril 1790, concernant la chasse. *Instr.* n°s 15, 26, 46, 46 bis, 46 ter, 46 quater, 106, 120.

Instruction des 12—20 août 1790, concernant les fonctions des assemblées administratives. *Instr.* n° 146.

Loi du 16-24 août 1790, sur l'organisation judiciaire, titre XI. *Instr.* n°s 138, 139 bis, 139 ter, 140, 144, 145, 145 ter.

Décret du 27 décembre 1790, concernant les rapports des gardes, etc. *Instr.* n° 123.

Loi du 19-22 juillet 1791, relative à l'organisation d'une police municipale. *Instr.* n° 61, 139 ter, 140, 141, 144, 145.

Décret du 26 juillet - 3 août 1791, relatif à la réquisition et à l'action de la force publique contre les attroupements. — *Instr.* n° 56, et page 157.

Loi du 28 septembre — 6 octobre 1791, concernant les biens et usages ruraux et la police rurale ou Code Rural. *Instr.* n°s 15, 46 bis, 47, 48, 48 bis, 76, 101, 106, 123, 138, 139 ter.

Décret du 11 pluviose an II, sur la garde des scellés. *Instr.* n° 67.

Décret du 18 germinal an III, sur les poids et mesures. *Bulletin des lois*, loi n° 749. *Instruction*, n° 97.

Décret du 10 vendémiaire an IV, sur la police intérieure des communes. *Bulletin*, n° 1142; *Instruction*, n° 51.

Code du 3 brumaire an IV. *Bulletin*, n° 1221. *Instruction*, n° 3.

Loi du 26 ventose an IV, relative à l'échenillage des arbres. *Bulletin*, n° 342; *Instr.* n° 138.

Loi du 28 germinal an VI, relative à l'organisation de la gendarmerie nationale. *B.* n° 1805. *Inst.* n°s 63, 130 ter.

Loi du 17 thermidor an VI, qui coordonne les jours de repos avec le Calendrier Républicain. *B.* n° 1943. *Inst.* n° 7.

Loi du 13 brumaire an VII, sur le timbre. *Bul.* n° 2136. *Instruct.* n° 92.

Loi du 22 frimaire an VII, sur l'enregistrement. *B.* 2213. *Instr.* n° 92.

Loi du 22 frimaire an VIII *ou* constitution de l'an VIII. *B.* n° 3448 bis; *Inst.* n° 63.

Loi du 28 pluviose an VIII. Division du territoire de la république; administration etc. *B.* n° 53. *Inst.* n°s 3, 103, 139 bis, 140.

Arrêté du 27 prairial an IX, concernant le transport des lettres et journaux. *B.* n° 696. *Inst.* n° 15.

Loi du 28 floréal an X, relative aux justices de paix. *B.* n° 1596. *Inst.* n° 123.

Loi du 29 floréal an X, relative aux contraventions en matière de grande voirie. *B.* n° 1606. *Inst.* n°s 15, 103, 119.

Arrêté du 14 fructidor an X, qui autorise les transactions en matière de douanes (non inséré au Bulletin). *Inst.* n° 27.

Loi du 19 ventôse an XI, relative à l'exercice de la médecine. *B.* 2436. *Inst.* n° 15.

Loi du 21 germinal an XI, contenant organisation des écoles de pharmacie. *B.* 2676. *Inst.* n° 15.

Loi du 14 floréal an XI, relatif au curage des canaux et rivières non navigables, etc. *B.* n° 2763. *Inst.* n° 48 bis.

Arrêté du 9 frimaire an XII, relatif aux livrets des ouvriers compagnons ou garçons. *B.* 3378. *Inst.* n° 51.

Loi du 5 ventôse an XII, concernant les finances et les droits réunis. *B.* 3610. *Instr.* n° 27, 131.

Loi du 7 ventôse an XII, sur la largeur des jantes des voitures de roulage attelées de plus d'un cheval. *B.* 3636; *Instr.* n° 15.

Décret du 23 prairial an XII, sur les sépultures; *B.* n° 25; *Instr.* page 174.

Loi du 29 pluviôse an XIII, qui interprète l'article 36 de la loi sur les écoles de pharmacie. *Bulletin des lois*, n° 552. *Instruction*, n° 15.

Décret du 4 juin 1806, relatif aux conseils municipaux. *B.* 1653. *Inst.* n°s 139 bis, 140.

Décret du 23 juin 1806, concernant la police du roulage. *B.* n° 1674. *Inst.* n° 15.

Loi du 3 septembre 1807, sur le taux de l'intérêt de l'argent. *B.* n° 2740. *Inst.* n° 15.

Loi du 20 avril 1810, sur l'organisation de l'ordre judiciaire, etc. *B.* n° 5351. *Inst.* n°s 2, 111.

Décret du 18 juin 1811. Tarif des frais en matière criminelle. *B.* n° 7,035. *Inst.* n°s 67, 75, 81, 107, 153.

Décret du 16 décembre 1811, contenant règlement sur l'entretien des routes. *B.* n° 7644. *Inst.* n° 103.

Décret du 4 mai 1812, sur la chasse sans permis de port d'armes. *B.* 7,983. *Inst.* n°s 15, 46, 46 bis, 46 quater.

Ordonnance du 9 décembre 1814, portant règlement sur les octrois. *B.* n° 560. *Inst.* n° 27.

Loi du 28 avril 1816, sur les finances et les contributions indirectes, 2me partie. *B.* n° 6235. *Inst.* n°s 15, 62, 131.

Loi du 17 mai 1819, sur les crimes et délits, commis par la voie de la presse, etc. *B.* 6444; *Inst.* n°s 15, 26.

Loi du 26 mai 1819, sur la poursuite et le jugement des crimes et délits de la presse, etc. *B.* n° 6,515. *Inst.* n°s 26, 55.

Ordonnance du 29 octobre 1820, portant règlement sur le service de la gendarmerie. *B.* 9881. *Inst.* n°s 18, 51, 60, 63, 67, 70, 73, 114, 127, 128, 129, 130 bis, 130 ter.

Ordonnance du 29 mars 1821, relative au remplacement des préfets pendant leur absence, etc. *B.* 10358. *Inst.* n° 2 bis.

Loi du 25 mars 1822, relative à la répression et à la poursuite des délits de la presse. *B.* 12,390. *Inst.* n° 15.

Ordonnance du 7 juillet 1824, relative au règlement des eaux dans le département d'Indre et Loire. Recueil des actes administratifs, 1824, page 242. *Inst.* n° 48 bis.

Ordonnance du 14 décembre 1825, concernant les franchises et contreseings. *Bulletin* n° 2383. *Inst.* n° 156.

Ordonnance du 18 décembre 1825, concernant les poids et mesures. *B.* n° 2347. *Inst.* n° 145 bis.

Ordonnance du 1er août 1827, pour l'exécution du code forestier. *B.* 6759. *Inst.* n°s 114, 119, 125.

Ordonnance du 16 juillet 1828, portant règlement sur les voitures publiques. *B.* 8,770. *Inst.* n° 138.

Ordonnance du 29 octobre 1828, relative à la longueur des

moyeux de charrettes, etc. *Bulletin*, 9894. *Instruction*, n° 15.

Loi du 15 avril 1829, relative à la pêche fluviale. *B.* n° 10,958. *Inst.* n°s 15, 26, 45, 92, 106. (*Voy.* plus bas loi du 6 juin 1840).

Ordonnance du 15 novembre 1830, relative à la pêche. *B.* n° 390. *Inst.* n°s 15, 45.

Loi du 10 décembre 1830, sur les afficheurs et les crieurs publics. *B.* lois, n° 76. *Inst.* n° 15.

Loi du 21 mars 1831, sur l'organisation municipale. *B.* lois, n° 91. *Inst.* n°s 4, 52.

Loi du 22 mars 1831, sur la garde nationale. *B.* idem, n° 92. *Inst.* n°s 73, 74.

Loi du 10 avril 1831, contre les attroupements. *B.* lois, n° 103. *Inst.* n°s 15, 18, 56.

Ordonnance du 3 novembre 1831, qui homologue des règlements sur la pêche fluviale. *B.* Ordon. n° 3, 302. *Inst.* n°s 15, 45.

Loi du 21 mars 1832, sur le recrutement de l'armée. *B.* lois, n° 149. *Inst.* n° 15.

Loi du 28 juin 1833, sur l'instruction primaire. *B.* lois, n° 236. *Inst.* n° 15.

Loi du 16 février 1834, sur les crieurs publics. *B.* lois, n° 251. *Inst.* n° 15.

Loi du 21 mai 1836, portant prohibition des loteries. *B.* n° 6282. *Inst.* n° 15.

Loi du 21 mai 1836, sur les chemins vicinaux. *B.* 6,293. *Inst.* n° 138.

Ordonnance du 26 août 1836, relative à la pêche dans les rivières et cours d'eau. *B.* supplément, n° 1023. *Inst.* n°s 15, 45.

Loi du 4 juillet 1837, relative aux poids et mesures. *B.* 6901. *Inst.* n°s 97, 132, 136.

Loi du 18 juillet 1837, sur l'administration municipale, *B.* n° 6946. *Inst.* n°s 3, 4, 114, 139 ter, 140, 142.

Ordonnance du 11 mai 1838, sur le roulage. Recueil administratif, 1838, page 179. *Inst.* n° 15.

Loi du 30 juin 1838, sur les aliénés. *Bulletin*, n° 7,443. *Inst.* n°s 115, 116.

Ordonnance du 17 avril 1839, sur la vérification des poids et mesures. *B.* n° 8004. *Inst.* n°s 132 à 136, 138, 139 bis.

Ordonnance du 23 juillet 1839, relative aux chemins vicinaux. Recueil administratif, 1839, p. 145. *Inst.* n° 146.

Loi du 6 juin 1840, qui modifie celle du 15 avril 1829, sur la pêche fluviale. *Bulletin*, n° 8639. *Inst.* n° 15.

TABLE

ANALYTIQUE ET ALPHABÉTIQUE

DES MATIÈRES.

A

D.

TABLE GÉNÉRALE.

FORMULES OU MODÈLES D'ACTES.

FIN.

FAUTES A CORRIGER.

Page 89, lignes 23, au lieu de 16 septembre, *lisez* 16 décembre.

99	— 17,	— nº 23	— nº 21.
103	— 5,	— nº 24	— nº 22.
ibid.	— 27,	— nº 25	— nº 23.
117	— 19,	— 379	— 479.
118	— 28,	— 28 juillet	— 16 juillet.
122	— 24 et 32,	— 14 juillet	— 18 juillet.
123	— 11,	— 14 juillet	— 18 juillet.

TOURS. — IMPRIMERIE DE MAME.

www.ingramcontent.com/pod-product-compliance
Ingram Content Group UK Ltd.
Pitfield, Milton Keynes, MK11 3LW, UK
UKHW020408190726
13838UKWH00006B/173

9 782329 428628